AF168479

Stefanie Bisping

Abenteuer & Oasen

Einmalige Erlebnisse und magische Orte
in Duisburg

Bildnachweis

Adobe Stock: ©Peeradontax S. 94 u.98; Hans Blossey: S. 58, 96/97, 124/125, 136/137, 142/143 ; Stefan Ziese: S. 30, 31, 69, 102; Wikipedia: ©Harald Lordick CC BY-SA 3.0 S. 55, ©Carschten CC BY-SA 3.0 S. 90, ©Raoul & Carlos CC BY 3.0 S. 103, ©M. Haack CC BY-SA 3.0 S. 104
Alle anderen Bilder: Jochen Tack

Bibliografische Information der Deutschen Nationalbibliothek
Die Deutsche Nationalbibliothek verzeichnet diese Publikation in der Deutschen Nationalbibliografie; detaillierte bibliografische Daten sind im Internet über portal.dnb.de abrufbar.

Impressum

1. Auflage September 2021
Layout und Satz: Joachim Bartels
Druck und Bindung: AALEXX Druck Produktion,
Thönser Str. 5a, 30938 Großburgwedel
Umschlaggestaltung: Guido Klütsch
Umschlagabbildung: Jochen Tack
Karte: Die Karte wurde mit Daten von OpenStreetMap erstellt (www.openstreetmap.org).
© Klartext Verlag, Essen 2021
Alle Rechte vorbehalten
ISBN 978-3-8375-2404-8

Jakob Funke Medien Beteiligungs GmbH & Co. KG
Jakob-Funke-Platz 1, 45127 Essen
info.klartext@funkemedien.de
www.klartext-verlag.de

Zeichenerklärung

 Aussichtspunkt
 Sehenswürdigkeit
 Wanderstrecke

 Naturerlebnis
 familienfreundlich
 Freizeitspaß

 Kulturstätte
 Fotospot
 Kunstobjekt

Inhalt

1 **Nicht nur Schimanski**
  Maritime Momente in Ruhrort — 8

2 **Über sieben Brücken sollst du gehen**
  Rhein-Tour von Ufer zu Ufer — 18

3 **Mit Mercator in die Neuzeit**
  In der Schatzkammer des Kartografen
  Gerhard Mercator — 28

4 **Altes Eisen, grünes Wunder**
  Hochöfen und Kreuzkröten:
  Streifzüge im Landschaftspark Nord — 38

5 **Lemur, Fossa und Madagaskar-Ratte**
  Rare Spezies im Duisburger Zoo — 46

6 **Grachten und Getreidespeicher**
  Kultur im Innenhafen — 56

7 Ein Bad im Stadtwald
Tief durchatmen: Entspannung zwischen
Wildschweinen und Heiligem Brunnen — 70

8 Ländliche Oase im grünen Süden
Flanieren im Dorf Friemersheim — 80

9 Himmlische Halde
Der Zauberberg ruft: Aufstieg auf
die Skulptur Tiger and Turtle — 92

10 Tor zur Welt
Wind, Wasser, Wolken und Kräne: in Europas
größtem Binnenhafen — 106

11 Fliegen im Mondschein, Flanieren am Kanal
Mikroabenteuer im Sportpark Duisburg — 118

12 Wasser und Wald in Wedau
Sommerfrische und Naturerlebnis
an der Sechs-Seen-Platte — 130

Anhang — 144

Blütenparadies im Bunkergarten: Der Landschaftspark Duisburg-Nord ist heute eine Naturoase.

Die Orte im Überblick

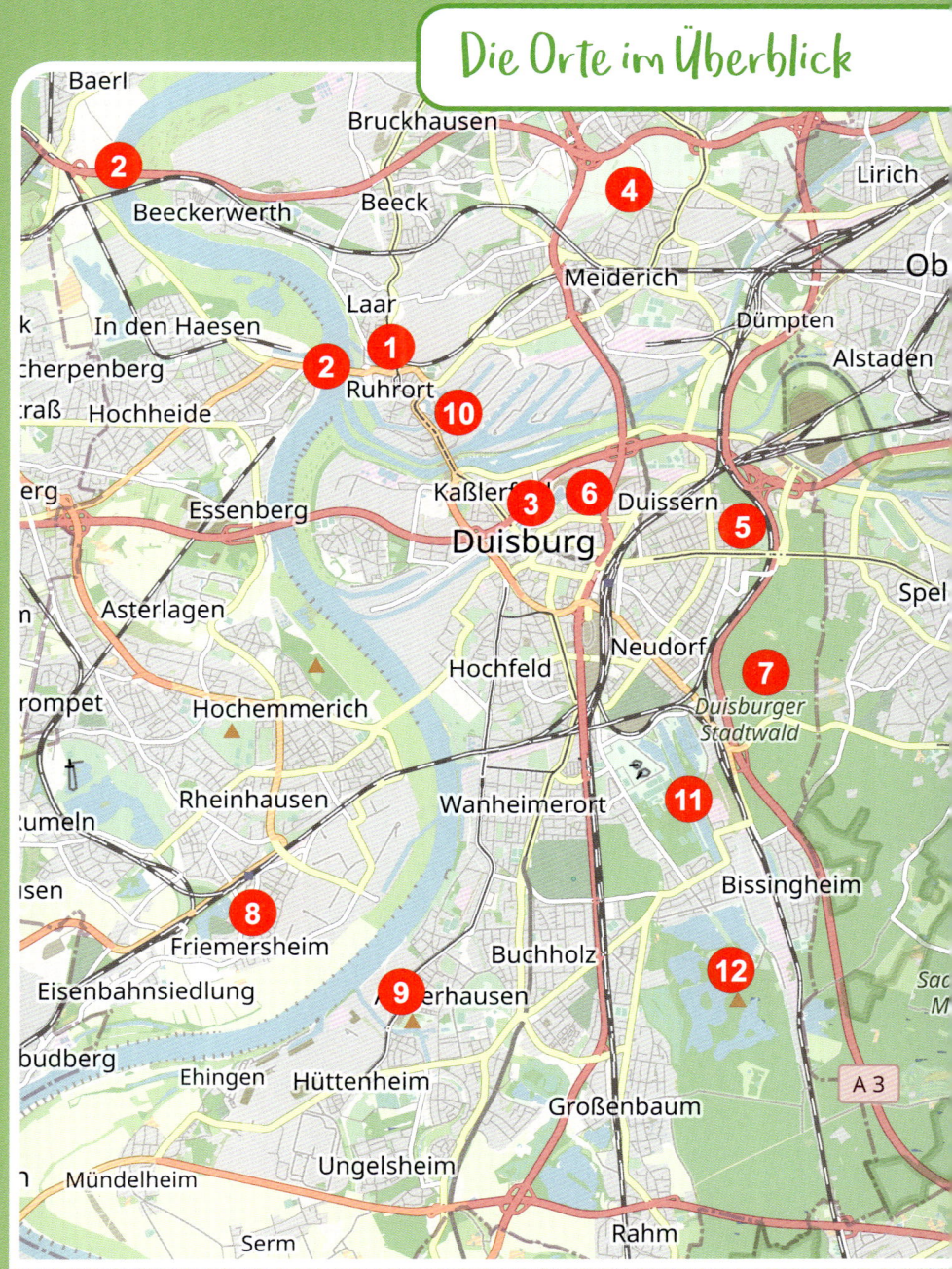

1 | Nicht nur Schimanski

Zu Ruhm gelangte Ruhrort durch die Kultfigur des schwer lenkbaren Kriminalhauptkommissars Horst Schimanski, der hier mit unorthodoxen Methoden Mörder überführte. Als Keimzelle der Duisburg-Ruhrorter Häfen (heute Duisburger Hafen AG) war das nördlich der Ruhrmündung gelegene Stadtviertel schon lange vor den Tatort-Krimis ein zentraler Bestandteil der DNA Duisburgs. Heute ist Ruhrort überwiegend schön, manchmal schräg und bietet spannende Einblicke in die Seele der Stadt.

Es ist der 28. Juni 1981. Bei einem Attentat im Iran werden 74 Menschen getötet. Der italienische Regierungschef Giovanni Spadolini stellt sein neues Kabinett vor. In Deutschland aber steht leichte Muse auf dem Programm. Oder vielmehr: Fernsehgeschichte. Die Tatort-Gemeinde bekommt zur Hauptsendezeit gänzlich Ungewohntes zu hören. „Du Idiot, hör auf mit der Scheiße!", brüllt eine Stimme in den friedlichen Sonntagabend. Ganz Deutschland sitzt plötzlich senkrecht im Sessel. Ein furioser Auftakt für den ersten Fall des Ermittlers Horst Schimanski, gespielt von Götz George. Mit einer Flut von Flüchen, noch mehr Zigaretten und seinem unkonventionellen Arbeitsstil wird Schimi zur Kultfigur und zum inoffiziellen Botschafter des Ruhrgebiets.

Anreise Pkw/Parkplatz: A40 bis Duisburg Häfen/Ruhrort, Parken unter der Friedrich-Ebert-Brücke

Anreise mit ÖPNV: Straßenbahn 901 Richtung Marxloh bis Tausendfensterhaus

Besonderheiten: Schimanski-Schauplätze, Museum der Deutschen Binnenschifffahrt, Mercatorinsel

Flüche, Kippen und Kult

„Duisburg-Ruhrort" lautet der Titel der Folge, in der im Hafen eine Leiche gefunden wird. In insgesamt 27 Tatort-Folgen, zwei Kinofilmen sowie siebzehn Folgen „Schimanski" wird der Kriminalhauptkommissar mit Kippe und großer Klappe polarisieren. Auch das Bild des Ruhrgebiets, das die Tatorte zeichnen, bereitet manchem im Pott Kopfschmerzen. Schimi wird trotzdem geliebt und wurde vor einigen Jahren sogar zum beliebtesten Tatort-Kommissar in der Geschichte des Serien-Klassikers gekürt. Götz George (1938–2016) machte den Typ in der immer etwas zerknittert wirkenden Jacke in lebensbejahendem Graubeige zum kantigen, authentischen Sympathieträger. Bis heute kommen Menschen aus allen Ecken Deutschlands nach Ruhrort, um die Drehorte ihres Lieblings-Tatorts zu sehen. Die Journalistin Dagmar Dahmen veranstaltet Themenführungen durch Ruhrort, die stilecht mit einer Currywurst im „Anker" enden – Schimanskis Stammkneipe an der König-Friedrich-Wilhelm-Straße. Schon Anfang des 20. Jahrhunderts trafen sich Rheinschiffer und Matrosen im Anker, gleich im ersten Duisburger Tatort stärkt sich auch Schimi dort. Trotz diverser Inhaberwechsel im Lauf der Jahrzehnte wird das Erbe bis heute mit viel Liebe und einer „Schimanski-Currywurst" auf der Karte gepflegt.

So schön war es mit Schimi: Erinnerungsstücke im „Anker".

Tipp

Zweistündige Schimanski-Themenführungen durch Ruhrort mit und ohne Currywurst (oder Eisbecher) bietet das Du-Tours-Team von Dagmar Dahmen an. Näheres: www.du-tours.de.

Park-Rowdy? Nein, Kommissar Schimanski hat seinen Wagen abgestellt.

Schimi-Currywurst und Schilder der Strick-Mafia

Schimanski und sein Kollege Christian Thanner aßen die Grillwurst in Rot besonders gerne am Friedrichplatz. Die Imbissstube, die im Tatort „Bei Gina" heißt, hat die Zeit hingegen nicht überdauert. Doch nicht alles im Leben dreht sich um Currywurst, zumindest nicht um ihre Verfügbarkeit am selben Ort wie immer schon. Wichtiger ist, dass Schimi dem Stadtteil einen dauerhaften Stempel aufgedrückt hat: mit der Horst-Schimanski-Gasse, die von der Ruhrorter Hafenpromenade zur Dammstraße führt. Immer wieder hatten Fans zuvor inoffizielle Beschilderungen der Wege zwischen Kanal und Stadt vorgenommen, die früher vor allem Binnenschiffer als Trampelpfade nutzten. Die kriminelle Energie hielt sich indes in Grenzen, war doch eine Woll-Mafia am Werk, die die Schilder liebevoll von Hand strickte. Schließlich schuf die Stadt mit einem ordentlichen Straßenschild Tatsachen. Am oberen Ende der Horst-Schimanski-Gasse sitzen die Menschen vor dem Damm-Café bei einem Feierabend-Pils, am Kanalufer gibt es bei „Zum Hübi" den Blick auf Wasser und Schiffe dazu. Am Wochenende und bei gutem Wetter herrscht an der Hafenpromenade Feststimmung.

Abenteuer & Oasen in Duisburg

Von oben betrachtet: Hafenbecken in Ruhrort.

Keimzelle des größten Binnenhafens Europas

Auf Landzungen und Halbinseln erstreckt sich Ruhrort zwischen einem Seitenarm des Rheins, dem von der Mercator-Halbinsel begrenzten Vinckekanal, dem südlich von ihm verlaufenden Hafenkanal und der Ruhr, die hier in den Rhein mündet. Schon seit 1551 war Ruhrort eine Stadt – vor allem dank einer Laune des Rheins, der früh im 11. Jahrhundert nach einem Hochwasser seinen Lauf verlegt hatte und Duisburg mit Ausnahme eines toten Rheinarms auf dem Trockenen sitzen ließ. Die erste Werft entstand 1712, vier Jahre später wurde der erste Hafen angelegt, nachdem der Rhein bereits im Mittelalter seinen Lauf geändert und Duisburg den Rücken gekehrt hatte. Ruhrort war Kohleumschlagplatz, Tor nach Rotterdam und größer als Duisburg. Die erste Frachtschiffreederei der noch immer präsenten Unternehmerfamilie Haniel öffnete Anfang des 19. Jahrhunderts. Da betrieben die Haniels dank der guten Anbindung an die Häfen der Niederlande bereits seit einem halben Jahrhundert ein Packhaus – heute ältestes Gebäude in Ruhrort und Sitz des spannenden Haniel-Museums – und ein Geschäft für Kolonialwaren. Ab 1828 baute die mit viel Unternehmungsgeist gesegnete Familie auch Dampfschiffe. Später expandierte die Familienfirma in Maschinen- und Bergbau und zählt bis heute zu den größten deutschen Unternehmen in Familienbesitz.

Tipp

Im ältesten Gebäude Ruhrorts

Das Haniel-Museum befindet sich im ältesten erhaltenen Gebäude Ruhrorts, das ab 1765 als Packhaus für Kolonialwaren und später als Kontor- und Wohnhaus der Familie Haniel diente. Seine Themen sind Schifffahrt, Handel und Bergbau sowie die Konzerngeschichte. Außer den rekonstruierten Wohn- und Arbeitsräumen zählt der Lagerspeicher mit hölzernem Kran zu den Highlights. Kostenlose Führungen nach Anmeldung unter Telefon 0203/806561.

Blaue Bude und Bananen

Auch an Land dominiert das Wasser: Mit Geschäften für Schiffsbedarf, Reedereien und Logistikunternehmen, Spezialisten für Schiffselektrik, der noch immer ansehnlichen Schifferbörse, in der früher Binnenschiffer ihre Frachtgeschäfte tätigten, Schifffahrt- und Yachtverbänden und nicht zuletzt der Wache der Wasserschutzpolizei ist das Leben auf dem Wasser auch außerhalb des Hafens identitätsstiftend geblieben. Sein maritimes Flair hat Ruhrort – mit Unterstützung der Duisburger Tatorte – den Ruf eines St. Pauli des Ruhrgebiets eingebracht. Auch ohne Vergleiche machen historische Bausubstanz, Kneipen und Kultur, Museums- und Frachtschiffe den Stadtteil zu einem Ort mit ganz besonderer Atmosphäre. In der denkmalgeschützten Fabrikstraße flaniert man vor liebevoll restaurierten Häusern, in der Karlstraße gibt es neben attraktiven Altbauten Highlights wie das „Bananenhaus". Der in Rheinberg geborene Künstler und Erfinder der legendären Spray-Banane Thomas Baumgärtel gestaltete die Fassade des Hauses Nummer 28 zusammen mit dem Malermeister Dieter Siegel-Pieper im Jahr 2001 als sonnengelbe Bananen-Explosion. Keine dreihundert Meter vom knallgelben Haus steht die Blaue Bude an der Amtsgerichtsstraße. Sie hat allerdings nichts mit Baumgärtner zu tun, sondern ist eine der ältesten Trinkhallen Deutschlands – 1905 wurde sie erbaut – und Beweis dafür, dass man sich in Ruhrort nicht ohne Not von Bewährtem trennt. Strahlend blau und denkmalgeschützt ist sie eine Zierde der Institution Trinkhalle.

Schöner wohnen: Ruhrorts historische Bausubstanz.

Unter Poseidons Aufsicht entspannen: Die Mercatorinsel bietet die passenden Möbel.

Meeresgott am Fluss

Das historische Erbe und relativ viel Leerstand beförderten 2010 die Idee des Kreativquartiers Ruhrort, die Lücken mit Kulturgut zu füllen und den Stadtteil zu einem Kulturstandort zu machen – etwa, indem Bands leer stehende Gebäude als Konzertspielorte nutzten. Heute veranstaltet die aus Künstlern und Kreativen bestehende Gesellschaft Konzerte, Ausstellungen und Kulturprojekte. Überhaupt Kunst. Die gibt es hier tatsächlich an jeder Ecke. Manchmal dort, wo man sie am wenigsten erwartet. Zum Beispiel auf der Mercatorinsel, die früher prosaisch Speditionsinsel hieß und Sitz eines Logistikzentrums der Duisburger Hafen AG ist. Auf grüner Wiese erhebt sich hier das „Echo des Poseidon". Die Bronzeplastik des 1941 geborenen Malers und Bildhauers Markus Lüpertz ist in jeder Hinsicht gewaltig; allein ihr Sockel ist viereinhalb Meter dick. Der von der Duisburger Hafen AG im Jahr 2016 zum 300. Geburtstag des Hafens gestiftete Meeresgott (der in der griechischen Mythologie auch für Fischer und Schiffer zuständig ist) selbst bringt es auf sechs Meter Höhe. Elf Tonnen wiegt die Skulptur. Nette Nachbarn hat Poseidon außerdem: Nur 500 Meter vom (noch viel höheren) Rheinorange des Künstlers Lutz Frisch an der anderen Seite der Ruhrmündung blickt Poseidon auf den Rhein. Mit Liegebänken und Trampelpfaden ist dies ein wunderbarer Ort, um Rhein, Schiffe und den Sonnenuntergang zu betrachten. Zu erreichen ist er über die Hanieltreppe, die von der Friedrich-Ebert-Brücke auf die Mercatorinsel führt. 2010, als das Ruhrgebiet Kulturhauptstadt war, wurde sie eröffnet, wurde aber aus Sicherheitsgründen bald wieder geschlossen. Seit 2019 ist sie wieder zugänglich – renoviert und komfortabel führt sie auf die Insel.

In der Nähe

Museumsschiffe und Schifffahrtsmuseum

Die Museumsschiffe Oscar Huber (1921), Minden (1882) und das Kranschiff Fendel 147 (1922) sind die größten Exponate des Museums der Deutschen Binnenschifffahrt und liegen bestimmungsgemäß unterhalb der Schifferbörse im Wasser. Im Museum im alten Ruhrorter Hallenbad - in dem mit einem Lastensegler und dem begehbaren Nachbau eines Binnenschiffs weitere recht voluminöse Exponat Platz finden - wird die Geschichte der Binnenschifffahrt von der Steinzeit an aufgerollt und das Leben von Hafen- und Werftarbeitern sowie der Binnenschiffer anschaulich gemacht. Die multimediale, erlebnisorientierte Präsentation ist auch für Kinder bestens geeignet. Das Museum liegt nördlich des Rheinarms. Apostelstr. 84, www.binnenschifffahrtsmuseum.de

Ein Schiff im Schwimmbad: Der Jugendstil-Bau des Schifffahrtsmuseums ist so attraktiv wie seine Exponate spannend.

Gastronomie

Zum Anker
Schimis Stammkneipe bietet Frühstück, Brunch sowie köstliche Flammkuchen (auch vegan), Waffeln und Eis.
König-Friedrich-Wilhelm-Straße 18, Ruhrort,
www.anker-ruhrort.de

Zum Hübi
Schönste Aussicht auf Schiffe und Wasser. Salate, Schnitzel, Sandwiches und Currywurst gibt es auch - letztere auf Wunsch sogar vegetarisch.
Dammstr. 27,
zum-huebi.de

2 | Über sieben Brücken sollst du gehen

Schwergewichte der Stahlindustrie und malerische Uferwege machen die Rheinufer zu facettenreichen Kulissen für Wander- und Radtouren. Sechs Brücken führen über den Fluss: zwei Eisenbahn-, zwei Autobahn- und zwei Straßenbrücken. Die südlichste liegt nur zur Hälfte in Duisburg, die andere gehört zu Krefeld-Uerdingen. Die Haus-Knipp-Brücke ist nur per Zug befahrbar, auf der Duisburg-Hochfelder Eisenbahnbrücke gelangen auch Fußgänger über den Fluss. Besonders schön ist die siebte Querung per Fähre zwischen Walsum und Orsoy.

Blau leuchtet der Himmel, auf dem Fluss funkelt die Sonne, das Blöken einer Herde Schafe mischt sich mit dem Tuckern von Schiffsmotoren. Vom Deich reicht der Blick in nahezu unendliche Weite. Doch es gibt schon auf dem Stadtgebiet an den Ufern des Flusses eine Menge zu sehen. Duisburgs Brücken ermöglichen Wanderern und Radlern, die Highlights beider Rheinseiten miteinander zu verbinden und Natur, Flusslandschaft und Industriekultur zu erleben. Denn an den Ufern des Rheins sind Duisburgs Geschichte und Identität abzulesen wie in einem überdimensionalen, begehbaren Bilderbuch.

Anreise Pkw/Parkplatz: Parkmöglichkeit z.B. an der Dammstraße unter der Friedrich-Ebert-Brücke; Parkplatz Deichstraße oder Parkplatz am Rhein bei der Beeckerwerther Brücke (A42); Alsumer Steig 71 für Alsumer Berg

Besonderheiten: Alsumer Berg, Historisches Orsoy

Schon immer siedelten die Menschen an Flüssen. Sie waren Transport- und Handelswege, Lebensadern, Wasserleitung, Vorratskammer und sogar Eisschrank – vor Erfindung des Kühlschranks lagerte man im Winter geschlagenes Fluss-Eis in Stroh verpackt in Kühlkellern ein. Eis aus und auf dem Rhein ist heute nurmehr ferne Erinnerung – das Wasser ist zu warm, das Klima hat sich verändert. Trotzdem ist der Fluss im 21. Jahrhundert so wichtig wie immer schon. Auch die Industrie der Moderne braucht zur Produktion und zum Transport von Gütern Wasser. Seine Bedeutung als Lebensraum für Flora und Fauna wird mittlerweile besser verstanden. Und nicht zuletzt erholt der Mensch sich hier gerne. Mit Hafen und Stahlindustrie, Schafweiden und historischen Ortsteilen illustrieren die Rheinufer heute alle Facetten Duisburger Lebens am Fluss.

Typisch Duisburg: Rheinwiesen-Idyll mit Schafen, Fluss und dezenter Industriekulisse.

Uferwanderungen zwischen Industrie, Stadt und Natur

Wer in einem Schwung über sämtliche Duisburger Brücken hüpfen möchte, sollte sich für Rad oder E-Bike entscheiden. Von der Uerdinger Brücke im Süden über die Brücke der Solidarität zwischen

Beim Brückenhüpfen erleben Wanderer und Radler die schönsten Rhein-Panoramen.

Hochfeld und Hochemmerich, die ebenfalls begehbare A40-Brücke Neuenkamp (die derzeit durch den Neubau einer achtspurigen Schrägseilbrücke mit 380 Metern Spannbreite ersetzt wird) und die A42-Beeckerwerther Brücke bis hin zur Rheinfähre Walsum bieten sich aber auch Fußgängern zahlreiche Möglichkeiten, auf Teiletappen von Ufer zu Ufer wechseln.
Nördlich der Skulptur Rheinorange, die seit 1992 die Mündung der Ruhr an Rheinkilometer 780 in den Rhein bewacht, verbindet die Friedrich-Ebert-Brücke Homberg und Ruhrort. Von hier führt die Dammstraße über den ehemaligen Eisenbahnhafen zur Deichstraße. Der Name ist kein Zufall: Der Deich mit Weg, Bänken und Flussblicken erhebt sich gleich neben der Straße. Von hier aus geht es über Deich und Wiesen zur Brücke der A42 und weiter Richtung Norden. Links liegt der Fluss, zur Rechten beweist das ThyssenKrupp-Stahlwerk, dass hier auch gearbeitet wird. Und wie: Hier beginnt die noch immer größte Stahlregion Europas.

Vom Fischerdorf zur Schutthalde zum grünen Hügel

Auf dem Alsumer Berg lassen sich die unterschiedlichen Seiten der Stadt zu einem kleinen, aber eindrücklichen Gipfelrundlauf verbinden. Mit fünfzig Meter Höhe spielt er zwar nicht gerade in der alpinen Liga. Aus saftigen Rheinauen erhebt er sich dennoch so jäh, dass man ihn kaum links (oder rechts) liegen lassen kann. Man möchte ihn erklimmen wie einen Zweitausender – einfach, weil er da ist. Ein breiter Weg führt hinauf, oben wartet neben bemerkenswerten Ausblicken auch ein Gipfelkreuz. Es erinnert an das Dorf Alsum, dessen Überreste unter dem Berg verschüttet sind. Wegen der unmittelbaren Nachbarschaft des einstigen Fischer- und Schifferdorfs zu Kokerei, Hochöfen und Stahlwerken wurde es im Zweiten Weltkrieg bei Bombenangriffen stark zerstört – so stark, dass 1954 entschieden wurde, den Ortsteil nicht wiederaufzubauen, sondern seine Bewohner umzusiedeln. Denn infolge des Kohleabbaus sank er auch noch ab und drohte durch diese Bergsenkungen in den Rhein zu rutschen. Trotzdem war es kein populärer Beschluss – die letzten Bewohner bestellten erst 1965 den Umzugswagen. Aus Alsum wurde eine Schutthalde. Eine allerdings, die im Lauf der Zeit dekorativen, sogar ökologischen Wert erlangte.

Hochöfen und Spargelfelder

Oben öffnen vier Aussichtspunkte Blicke in alle Himmelsrichtungen. Im Osten liegen Hochöfen vor dem einstigen Meidericher Hüttenwerk, das als Landschaftspark Nord ein neues, grünes Leben begonnen hat. Im Westen fließt der Rhein, hinter ihm erstrecken sich saisonal Spargelfelder und Alleen, am Horizont ist das Bergwerk Friedrich-Heinrich in Kamp-Lintfort zu erahnen. Seit 2021 ist der linksrheinische Zechenpark Teil und Ankerpunkt der Route der Industriekultur. Auf dem Berg bilden der Gesang der Vögel und das

Rauschen des Stahlwerks unten einen eigenartigen Soundmix auf dem Weg zum westlichen Aussichtspunkt. Hier reicht das Panorama vom Turm der Dorfkirche in Baerl und dem Kirchturm von Orsoy auf der linken Rheinseite zur Walsumer Papierfabrik auf der rechten, dem heute mit importierter Kohle arbeitenden Steinkohlekraftwerk und der 2008 geschlossenen Zeche in Walsum. Sie war das letzte Bergwerk Duisburgs. Nördlich liegen das noch sehr aktive Hochofenwerk Schwelgern, die Kokerei Schwelgern und die Umschlaganlagen für Erz und Kohle am Werkshafen. Letzterer wurde angelegt, nachdem im Winter 1926 bei einem schweren Hochwasser ein älterer Kohlenverladeplatz im Rhein versank. Alle acht bis zehn Minuten steigt im Hüttenwerk zischende Ablöschwolke in den Himmel, wenn die gebackene Kohle als glühender Koks in Waggons gedrückt und zum Abkühlen mit Wasser gelöscht wird. Das Hüttenwerk und sein Hafen gleich neben dem grünen Hügel sind auch der Grund, warum der Weg vom Alsumer Berg nicht unmittelbar am Fluss weiter nach Norden führt, sondern die Anlage umläuft.

Grüne Auen, graue Schlote: Rheinwanderung am Fuß des Alsumer Bergs

Abenteuer & Oasen in Duisburg

In fünf Minuten über den Rhein

In Walsum, seit seiner Eingemeindung 1975 der nördlichste Stadtbezirk Duisburgs, bringt die Fähre an Rheinkilometer 793 Radler, Fußgänger und Autofahrer ins malerische Orsoy auf der linken Rheinseite. An der Walsumer Anlegestelle drängen sich Kinder um einen Eiswagen, aus dem Radio klingen Herbert Grönemeyers musikalische Betrachtungen über Männer. Neben der Zufahrt sind Autos geparkt, deren Fahrer bei abgeschaltetem Motor auf den Rhein hinaus träumen. Tatsächlich verströmt der Blick auf den Fluss beruhigende Kraft, die sich sogar vom Auto aus mitteilt. Seit 360 Jahren verkehrt zwischen den beiden Orten eine Fähre, die in früheren Zeiten von einem Pferd und mehreren Fährknechten gegen die Strömung gezogen wurde. Wundersamerweise brauchte diese enorme Kraftanstrengung maximal eine Stunde. Heute geht alles noch schneller; die Fähre „Glück Auf" erledigt die Überfahrt seit 1958 zuverlässig und bei jedem Wasserstand in fünf bis acht Minuten. Zu Beginn des Jahres 2011 erhielt sie für 120.000 Euro neue, emissionsärmere Maschinen, so dass der Pendelbetrieb über den Rhein die Wasserqualität möglichst wenig belastet.

Eine gute Sache, denn seit Beginn der Industrialisierung ging der Mensch lange so sorglos mit dem Rhein um, als hätte er noch einen zweiten im Schrank. Als sich die Erkenntnis durchsetzte, dass die Widerstandskraft der Natur endlich ist, wurde dieses Vorgehen überdacht. Schon seit 50 Jahren sinkt der Schadstoffgehalt im Wasser vor allem dank effizienter Kläranlagen kontinuierlich. Plastikmüll und Mikroplastik stellen jedoch wie in jedem Gewässer große Probleme dar. Gegen Mikroplastik

Ein Schiff wird kommen.

können Flaneure und Wanderer nichts unternehmen. Herumliegende Plastikflaschen in den nächsten Mülleimer umzusiedeln, ist hingegen machbar und verleiht dem Ausflug ökologischen Tiefgang.

Dörfliches Idyll in Orsoy

Mittelalterliche Festungsanlage

Orsoy auf der linken Rheinseite ist Teil der Stadt Rheinberg und hat seine Wurzeln im 12. Jahrhundert. Die günstige Lage am Fluss weckte Begehrlichkeiten und ermöglichte Feinden eine flotte Anreise, so dass das Städtchen sich durch Festungsmauern vor derlei Überraschungen absicherte. Im 16. Jahrhundert wurde die Festungsanlage noch einmal erneuert, was eine Zerstörung der Stadt durch spanische Truppen wenige Jahre später indes nicht verhinderte. Ein Besuch französischer Truppen unter dem Sonnenkönig Ludwig XIV sorgte neuerlich für Verheerungen. Mitte des 19. Jahrhunderts begannen ruhigere Zeiten, als die meisten Bewohner Orsoys ihr

Geld in der Zigarrenfabrik verdienten. Bis zum Zweiten Weltkrieg wurde hier Tabak aus niederländischen Kolonien und aus Kuba zu Zigarren gerollt. Das letzte der vier Stadttore wurde im Zweiten Weltkrieg zerstört, doch die mittelalterliche Stadtmauer ist teilweise, ein achtzehn Meter hoher Turm des ersten Befestigungsrings sogar fast vollständig erhalten – ebenso wie der zweite Befestigungsring mit fünf Bastionen, Wall und Graben. Mit der Deichpromenade und dem Hochwassertor, die den teils unter dem Wasserspiegel gelegenen Ort vor Winter- und Frühlingsfluten schützen, seiner historischen Bausubstanz und der entspannten Atmosphäre ist Orsoy eine Oase am Rhein. Mit viertausend Einwohnern ist das Dorf übersichtlich geblieben und zudem trotz seiner wechselvollen Vergangenheit ganz und gar friedlich. Es ist schön, durch seine Straße und über die Deichpromenade zu flanieren. Von hier aus geht es zurück in Richtung Süden. Bis zur Beeckerwerther Brücke sind es gut sechs Kilometer.

Am Weg

Idylle am Fluss

Zu Fuß oder per Fahrrad verbindet der Leinpfad Rhein-Wanderweg einer besonders schönen Abschnitt des Rheins zwischen Orsoy und Niederhalen. Kleine Sandbuchten sind ideal für eine kurze Pause. Hier kann man Schiffe vom Sportboot bis zum Frachter betrachten, die Vogelwelt in den Auen beobachten und das Fluss-Panorama genießen. Wer vor Orsoy aus wandert, erreicht den Leinpfad über die Rheinaue Binsheim und den Woltershofer Kirchweg. Um selten gewordene Vögel wie Feldleiche und Kiebitz zu schützen, ist die Rheinaue Binsheim Naturschutzgebiet. Der befestigte Weg darf nicht verlassen werden.

2 | Über sieben Brücken sollst du gehen

In Orsoy verläuft ein besonders schönes Stück Rheinpromenade.

Gastronomie:

Post-Grill
Falls das Energieniveau stark abgesunken ist: Hier wartet Erste Hilfe mit guter Currywurst nahe am Fähranleger in Orsoy.
Friedrichsplatz 1

Walsumer Hof
Im Schatten des Kraftwerks gibt es Fischspezialitäten von Flussaal bis Seeteufel.
Rheinstraße 16,
Walsum,
www.walsumerhof.de

Biergarten Rheinblick
Der Name ist Programm: Restaurant mit Biergarten am Fluss. Die Karte reicht von Currywurst bis Carpaccio.
Niederhalener
Dorfweg, 3,
Baerl

Mit Mercator in die Neuzeit

In der Schatzkammer des Kartografen Gerhard Mercator

3 | Mit Mercator in die Neuzeit

Gerhard Mercator war Kartograf und Geograf, Instrumenten- und Globenbauer, Autor und Namensgeber des ersten „Atlas" der Welt. 42 Jahre lang war Duisburg seine Heimat. Dank der „Mercator-Projektion", mit der er die Kugelform der Erde auf eine plane Weltkarte übertrug, ist er heute der beste Freund von Piloten, Autofahrern und Kapitänen. Auf ihr basieren alle modernen Navigationsgeräte.

Mehr als 400 Jahre nach seinem Tod am 2. Dezember 1594 sind Mercators Spuren im Stadtbild noch aufzuspüren. Im Kultur- und Stadthistorischen Museum im Innenhafen führt die Mercator-Schatzkammer direkt in den Kopf des Universalgelehrten. Nur einen Steinwurf entfernt fand er in der Salvatorkirche seine letzte Ruhe. Sogar die Grundmauern des Hauses, das er sechs Jahre nach der Ankunft in Duisburg bezog, haben Archäologen ausgegraben. Der Wiederaufbau des Mercator-Hauses ist allerdings noch Zukunftsmusik.

Anreise Pkw/Parkplatz: Parkhaus City, Unterstraße 19-21

Anreise mit ÖPNV: Straßenbahn 901 bis Rathaus

Besonderheiten: Schatzkammer mit Globenpaar von Mercator, dem ersten Stadtplan Duisburgs sowie einer digitalen, interaktiven Version von Mercators Weltkarte

Abenteuer & Oasen in Duisburg

Das Kultur- und Stadthistorische Museum (am Ufer links) hat Mercator mit seiner Schatzkammer ein ganz besonderes Denkmal gesetzt. In der Salvatorkirche (links dahinter) wurde er beigesetzt.

Die Rote Wand am Eingang der Schatzkammer führt in die Renaissance und ins Zeitalter Mercators. Es war eine Epoche der Entdeckungen und massiver religiöser Umwälzungen, die auf das Leben jedes Einzelnen wirkten. So ist auf dieser Wand ein Bildnis von Nikolaus Kopernikus zu sehen, der die Menschen 1543 mit seinem heliozentrischen Weltbild verblüffte, außerdem Christus als Weltenretter mit einem frühen Globus sowie die englische Königin Elizabeth I., die während ihrer Regierungszeit Künste, Wissenschaft und Entdeckungsreisen förderte und die Anglikanische Kirche konsolidierte. Es war eine Epoche, die scheinbar unumstößliche Gewissheiten auf den Kopf stellte, durchschüttelte und zerstörte, in der Kunst und Literatur zur höchsten Blüte gelangten und das Leben zugleich fragil und flüchtig war. Zu ihren Protagonisten und den Wegbereitern der Neuzeit gehörte Gerhard Mercator.

Blütezeit des gelehrten Duisburgs

In Rupelmonde bei Antwerpen war er als Gerhard de Kremer 1512 während eines Aufenthalts seiner aus Gangelt stammenden Eltern beim reichen Onkel zur Welt gekommen. Als er 1544 als anerkannter Kartograf und Instrumentenbauer – und mit dem bereits in Studienzeiten latinisierten Namen Mercator – von seinem Wohnort Löwen in das Städtchen seiner Geburt zurückkehrte, wurde er wegen des Verdachts der Ketzerei von der Inquisition festgenommen und für neun Monate eingekerkert. Wer sich in der Wissenschaft hervortat, Licht ins Dunkel dessen brachte, über das nur Gott verfügen sollte, der lebte gefährlich, denn ihm haftete schnell der Verdacht der Anmaßung und Gotteslästerung an. Das galt auch für Mercator, der schon um des Überlebens willen stets versuchte, Wissenschaft und Religion miteinander zu versöhnen. Erst nach dem Umzug nach Duisburg 1552 konnte er sich unbehelligt seiner Arbeit widmen. Im Herzogtum Jülich-Kleve-Berg herrschte dank Wilhelms V. ein liberales Klima. Im Jahrhundert der Reformation bedeutete das zum einen, dass hier nicht so genau hingeschaut wurde, wie es der Einzelne mit der Religion hielt. Und wer hier murmelte, dass die Erde um die Sonne kreise statt umgekehrt, musste nicht sofort ängstlich über die Schulter blicken, ob da bereits ein schlecht gelaunter Inquisitor Material für einen Scheiterhaufen zusammenklaubte. Mercator war der bekannteste, aber nicht der einzige humanistische Gelehrte, der seinen Wohnsitz in die Stadt mit damals 3500 Einwohnern oder in ihre Umgebung verlegte. „Als aufgeklärte, weltoffene Stadt startete Duisburg in die Neuzeit", sagt Dr. Susanne Sommer, die Leiterin des Museums. Damit zog die Stadt viele Intellektuelle an.

Gerhard Mercators Denkmal vor der Salvatorkirche

Abenteuer & Oasen in Duisburg

> ### Tipp
>
> „Mercators Nachbarn", eine Gruppe von Historikern und historisch Interessierten, bieten Altstadt-Führungen auf den Spuren des wohl berühmtesten Bewohners der Stadt an - stilecht in Gewandung, wie man sie im 16. Jahrhundert trug, und mit dem Corputius-Stadtplan zur Orientierung Näheres: www.mercatorsnachbarn.de

Noch immer nützlich: Der erste Stadtplan Duisburgs von Johannes Corputius taugt noch heute zur Orientierung.

Duisburgs erster Stadtplan

Schon das gedämpfte Licht in der Schatzkammer, das vor allem dem Schutz der Exponate dient, vermittelt Besuchern den Eindruck, hier in die wichtigsten Geheimnisse der Ausstellung eingeweiht zu werden. Vor dem Raum mit Mercators Globen und Atlanten hängt der erste Stadtplan Duisburgs, den Johannes Corputius 1566 fertigstellte. Der Student aus Breda in den Niederlanden war vier Jahre zuvor nach Duisburg gekommen, um von Mercator das Landvermessen und Kupferstechen zu erlernen. Mit Erfolg: Zwar unterliefen ihm anfangs Fehler, wie in Heidelberg aufbewahrte frühe Skizzen beweisen. Die durch gut platzierte Strahler aus dem Dunkel leuchtende Karte enthält indes zahlreiche Details und ist so exakt, dass sie im 16. Jahrhundert nützliche Werbung für die Stadt und ihre künftige Universität war (die dann doch erst 1655 gegründet wurde). Die Karte gibt der Nachwelt aus der Vogelperspektive ein genaues Bild der Stadt in dieser Zeit. Von den Türmen der Salvator- und der Marienkirche sowie einem Turm in der Stadtmauer hatte Corputius die Stadt vermessen und den Plan angefertigt, dessen einzig erhaltenes Original hier hängt. Nachdrucke hängen in vielen Duisburger Klassenzimmern.

Globenpaar und Weltkarte

Keine zwei Meter weiter ruht in Vitrinen ein Globenpaar des Meisters: ein Erd- und ein Himmelsglobus, aus Holz gefertigt und bemalt, die eine vermögende Duisburger Fabrikantenfamilie um die Wende zum 20. Jahrhundert dem damals neuen Heimatmuseum schenkte.

Erd- und Himmelsglobus von Mercator, seine Karten und diverse Ausgaben seines Atlas bilden das Herzstück der Schatzkammer.

In Löwen hatte Mercator das Globenbauen gelernt, mit dem er seine große Familie ernährte. Die Globen waren Verkaufsschlager, waren doch die neuesten Erkenntnisse der Entdeckungsreisenden auf ihnen abzulesen. Der Himmelsglobus zeigt die himmlische Sphäre von außen betrachtet und noch mit der Erde als Mittelpunkt. Die Schatzkammer zeigt neben dem Globenpaar auch unterschiedliche Ausgaben des Atlas, dessen erste Veröffentlichung Mercator nicht mehr erlebte. Das erste systematisch geordnete Kartenwerk der Weltgeschichte, das ein Jahr nach Mercators Tod in Duisburg als „Atlas" veröffentlicht wurde, liegt hier unter Glas. In einer anderen Vitrine befindet sich eine Nordpolkarte; die erste, in der der Pol auf der Erde verortet und korrekt eingezeichnet war.

Ein Bild der Welt und ihrer Geschichte

Die Ausstellung zeugt aber auch von der Vielseitigkeit seines Wissens und seiner Interessen. „Heute denkt man nur an den Kartografen, aber Mercator sah sich selbst als Kosmograf", sagt die Museumsleiterin. „Er wollte die Welt beschreiben und ihre Geschichte von Anfang an darstellen." Ein ehrgeiziges Vorhaben, für das er Sonnenfinsternisse analysierte, Kalender und Daten synchronisierte und sich auch intensiv mit der Schöpfungsgeschichte beschäftigte. Mercators Weltkarte aus dem Jahr 1569 ist hier digital auf einem Bildschirm mit Touchscreen zu sehen.

Spannend: die digitalisierte Weltkarte Mercators aus dem 16. Jahrhundert

3 | Mit Mercator in die Neuzeit

Die drei verbliebenen Originale befinden sich im Pariser Louvre, in Basel und in Rotterdam. Dass sie in Patagonien Riesen mit Pfeil und Bogen zeigt, ist zeitgenössischen, teils von Fantasie beflügelten Reisegeschichten geschuldet. Doch Mercators Ziel war nicht, die Erde abzubilden, wie sie ist, sondern Seefahrern ein zuverlässiges Instrument zur Navigation an die Hand zu geben. Das gelang durch die nach ihm benannte Kartenprojektion, die er in Duisburg entwickelte. Was in Duisburg in Mittelalter und Renaissance noch alles los war, erklärt die Abteilung zur Stadtgeschichte, die als eigentlicher Kern des Museums bis zu Stein-, Bronze- und in die Römerzeit zurückreicht. In einem Aufzug lassen sich Modelle der Stadt aus der Zeit um das Jahr 1000, um 1200 und – dank des Plans von Johannes Corputius – im Jahr 1566 vor die Augen der Besucher fahren. Ein Raum ist der 1655 gegründeten Universität gewidmet, die den Ruf des „gelehrten Duis-

Auch die anderen Abteilungen des Museums bieten Anregung für mehr als einen Besuch. Im Hintergrund ein typisches Büdchen in Originalgröße

burgs" festigte, aber im 19. Jahrhundert geschlossen wurde – bevor im 20. Jahrhundert die heutige Uni ihre Tore öffnete. Alltagskultur seit dem Zweiten Weltkrieg – vom Seifenkistenrennen bis zum Büdchen – spielt eine zentrale Rolle, aber auch die Erinnerung an Nazi-Herrschaft, Krieg und den Widerstand im „roten" Hamborn. Und weil Stillstand Rückschritt bedeutet, wird die Münzsammlung mit Funden aus allen Erdteilen demnächst zu einer modern präsentierten Ausstellung über die Geschichte des Geldes umgestaltet.

Das größte Exponat ist das Gebäude selbst. 1991 wurde aus dem alten Getreidespeicher der Rosiny-Mühle am Innenhafen ein Wissensspei-

In der Nähe

Von Mercators Epitaph zu Adam und Eva

„Er war bei weitem der erste Mathematiker seiner Zeit, der auf kunstvollen, sorgfältig ausgemessenen Globen den Himmel und die Erde von innen und außen, so weit es möglich war, dargestellt hat." So ist es in lateinischer Sprache in die Gedenktafel für Gerhard Mercator in der Südkapelle gemeißelt. Ganz in der Nähe seines Wohnhauses an der Oberstraße wurde er in der Salvatorkirche bestattet. Neben der Tafel für Mercator erinnert in der Südkapelle eine weitere an den Gründer der Universität, Johannes Clauberg (1622-1665). Ihre Wurzeln hat die seit 1571 evangelische Kirche im Jahr 1000, als hier ein erster Kirchenbau aus Stein entstand. 250 Jahre später wurde mit dem Bau einer gotischen Basilika begonnen. Im Zweiten Weltkrieg wurde die Kirche stark zerstört. Das von 1897 bis 1902 im Stil des Historismus erbaute Rathaus nebenan steht an der Stelle der mittelalterlichen Königspfalz. Neben zahlreichen Details an der Fassade und im Inneren sind die Jugendstil-Skulpturen von Adam und Eva am Rathaus-Durchgang besonders eindrucksvoll. Obwohl Eva an der linken Seite äußerst liebreizend schaut und einen sehr knackig wirkenden Apfel in der Hand hält, schaut der ihr gegenüber positionierte Adam an der Schönen vorbei. Vor dem Rathaus steht der zu Ehren des Kartografen erbaute Mercatorbrunnen.

3 | Mit Mercator in die Neuzeit

cher. Zu seinem 500. Geburtstag erhielt Gerhard Mercator die Schatzkammer, die sich in einem Anbau befindet. Heute ist das Kultur- und Stadthistorische Museum ein Ort, in dem jeder Winkel etwas Unerwartetes, Überraschendes und Interessantes birgt – und an dem nicht nur Schlechtwettertage auf angenehme, unterhaltsame und instruktive Weise verstreichen.

Info

Kultur- und Stadthistorisches Museum: Johannes-Corputius-Platz 1, Di.-Sa. 10-17, So. 10-18 Uhr, www.stadtmuseum-duisburg.de

Gastronomie

Webster Brauhaus
Hausgebrautes, Tapas und deftige Spezialitäten neben Braukesseln oder auf der Terrasse am nahen Dellplatz.
Dellplatz 14,
www.webster-brauhaus.de

Bolero
Cocktails und Tex-Mex-Küche im Innenhafen, schöne Außenplätze am Wasser.
Philosophenweg 31-33,
https://duisburg.bolerobar.de

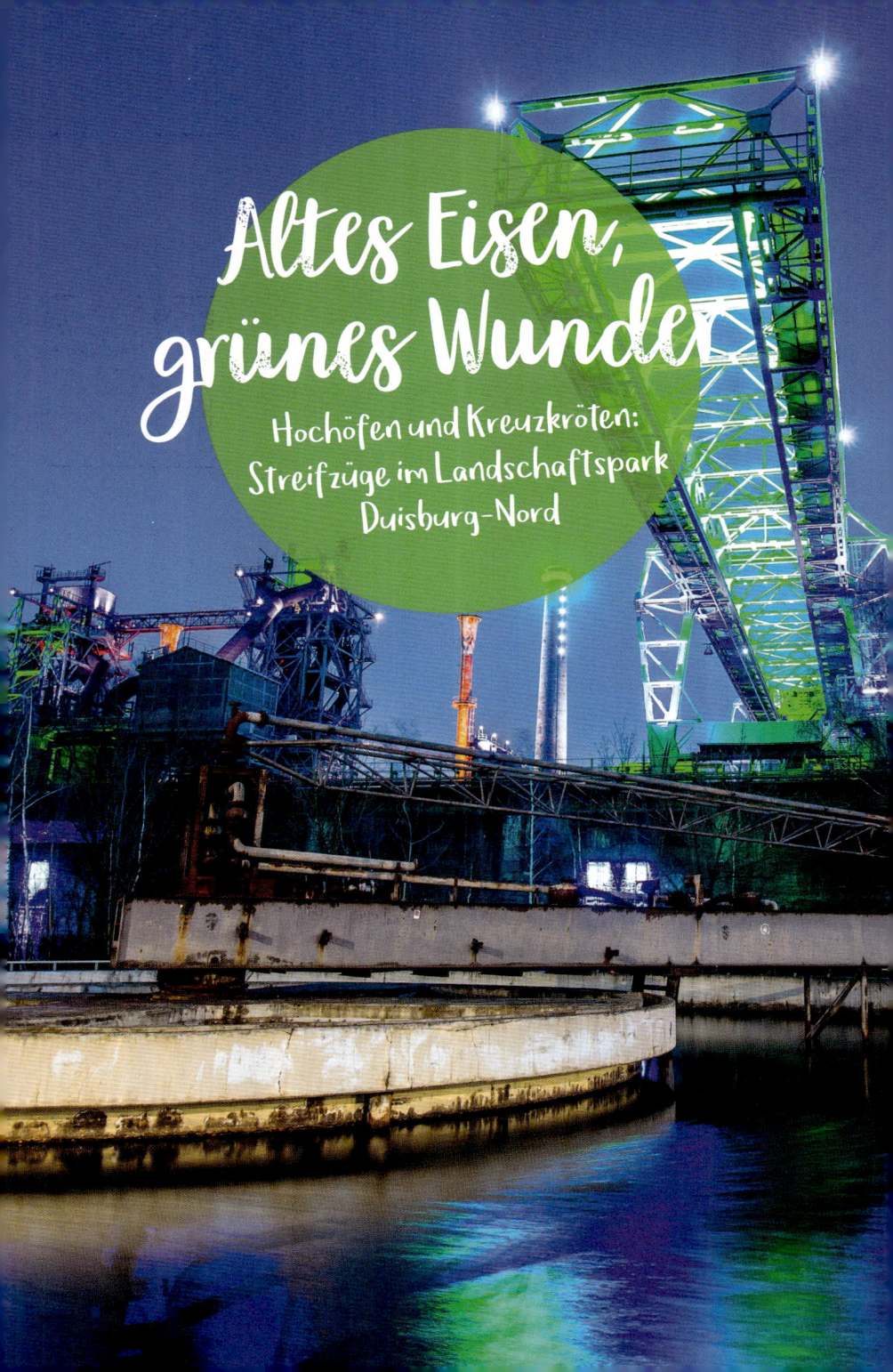

Altes Eisen, grünes Wunder

Hochöfen und Kreuzkröten: Streifzüge im Landschaftspark Duisburg-Nord

4 | Altes Eisen, grünes Wunder

37 Millionen Tonnen Roheisen produzierten die fünf Hochöfen des Hüttenwerks Meiderich von 1901 bis zur letzten Schicht im April 1985. Als Landschaftspark erwachte das 180 Hektar große Gelände zu neuem Leben und wurde Kultur-Treff, spektakuläre Naturoase und Heimat von Superlativen. Europas größtes Indoor-Tauchzentrum ist hier zu finden, ein alpiner Klettergarten und mit der Besucherplattform des Hochofens 5 der womöglich schönste Ort im Ruhrgebiet, um den Sonnenaufgang zu begrüßen.

41 Meter Durchmesser, 22 Millionen Liter Wasser, völlige Dunkelheit. Die finstere Wasserwelt füllen drei Autos, ein Schiffswrack, eine Telefonzelle, mehrere Straßenschilder und der Rumpf eines Flugzeugs. Alles wurde durch eine kleine Luke im Dach versenkt. Bei dem Flugzeugteil erforderte das Maßarbeit – und passte haargenau. Kein Wunder, dass diese Unterwasserwelt unter Tauchern Synonym für den besonderen Kick ist. „Aber auch Polizei und Feuerwehr trainieren hier für Rettung und Bergung", erklärt Manuela Sass. Der Nassgasbehälter des stillgelegten Thyssen-Hochofenwerks ist eben vielseitig. Zugleich beweist sein neues Leben als Tauchbecken, dass wenig unmöglich ist, wenn der Mensch seinen Ideen keine Zügel anlegt.

Anreise Pkw/Parkplatz: Emscher Straße 71, 47137 Duisburg. Parkplatz gegenüber vom Haupteingang

Anreise mit ÖPNV: Straßenbahnlinie 903 / Busse 906 und 910 bis Landschaftspark-Nord

Besonderheiten: Indoor-Tauchcenter, Hochseilparcours, Klettergarten, Industriegeschichte zum Anfassen, freier Eintritt

Oase nicht nur für Ruhrpottpflanzen

Eine echte „Ruhrpottpflanze" sei sie, erklärt Führerin Manuela Sass. In Duisburg geboren und aufgewachsen, hat sie in ihrem Beruf als Reiseleiterin eine Menge von der Welt gesehen. Aber: „Wenn ich nach Hause komme, muss ich immer erst mal eine Führung zum Hochofen machen. Irgendwie liebe ich den." Sie arbeitet als Guide für „Tour de Ruhr", einen Veranstalter unterschiedlicher Führungen durch den Landschaftspark: zu Fuß oder per Fahrrad, an Winterabenden mit Fackelschein und Glühwein-Umtrunk, „extrascharf" mit anschließender Currywurst, mit Stirnlampen oder auf den Spuren hier gedrehter Filme. Vor dem Hochofen 5 könne man als Duisburger Kind, das seine Heimat ab und zu auch gegen die Vorurteile Ahnungsloser verteidigen müsse, mit stolzgeschwellter Brust stehen, findet sie. Die Geschichten des Geländes zu erzählen, das mehr als achtzig Jahre lang Lebensmittelpunkt der Menschen in Meiderich und mit bis zu 1200 Jobs der wichtigste Arbeitgeber war, ist für sie deshalb eine Herzensangelegenheit. Manuela Sass kennt seine versteckten Ecken, in die sich auch an Sommerwochenenden kaum jemand verirrt, seine ikonischen Orte wie das abends von einer grünen Lichtinstallation in Szene gesetzte „Krokodil" – und natürlich auch die Geschichte des Parks, dessen Besucherzahlen im Ruhrgebiet nur von denen der Zeche Zollverein übertroffen werden.

Licht und Farbe in der Dunkelheit

Bis zu 1,2 Millionen Menschen kommen in Jahren ohne Pandemie in den 1994 eröffneten Park. Landschaftsarchitekt Peter Latz hatte das stillgelegte Hochofenwerk in einen für alle Menschen rund um die Uhr zugänglichen Park verwandelt. Seine Idee war, die Seele des Stahlstandorts zu bewahren, aber seine Bestimmung ins Gegenteil zu verkehren. Die bestehenden Gebäude erhielt er; sie repräsentieren die von Schwerstarbeit geprägte Vergangenheit und sind ein eindrucksvolles Stück Industriegeschichte. Hochöfen, Schrägaufzüge, Gieß- und Bunkeranlagen verband er durch Terrassen und Gärten. Aus Schienensträngen wurden Wege, aus dem Hüttenwerk eine Natur-Oase mit hohem Freizeitwert. Vor allem am Wochenende und an Feiertagen, wenn die gigantischen Bauten nach Einbruch der Dämmerung in farbiges Licht getaucht werden, verströmt der Park eine geradezu magische Atmosphäre. Blau, rot und grün repräsentieren dabei Wasser, Feuer und Gas. 1996 legte der britische Künstler Jonathan Park anlässlich der Internationalen Bauausstellung Emscher Park die Lichtinstallationen auf einem Kerngebiet von fünfzehn Hektar um die technischen Anlagen an. Sofort verursachten sie auf der A 42 mehrere Auffahrfälle staunender Autofahrer.

Ferien-Flair statt Schwerstarbeit

Heute gibt es wegen der Beleuchtung des Hüttenwerks keine Blechschäden mehr – nicht mal, wenn die Installationen während der „Extra-Schicht", der Nacht der Industrie-Kultur am letzten Samstag im Juni, besonders spektakulär geraten. Die Transformation hat dennoch nichts von ihrer Faszination verloren. „Früher war das Hochofenwerk eine Sperrzone, gefährlich, dreckig, heiß und laut", sagt Manuela Sass. Das ist kaum noch vorstellbar, wenn die Menschen ins Sommer-Kino drängen, das Anfang Juli bis Mitte August stattfindet und immer blitzschnell ausverkauft ist. Die Zuschauer sinken in Strandkörbe im aufgeschütteten Sand, hören Live-Musik und genießen das außergewöhnliche Feierabend-Flair, bis der Film beginnt. Im Gebläsehallenkomplex, wo einst der 1000 Grad heiße Hochofenwind zum Schmelzen des Roheisens erzeugt wurde, werden heute dank der guten Akustik der Industriebauten Konzerte gespielt und Theaterstücke aufgeführt. Auch als Kulisse für rauschende Hochzeiten und Events ist die Location beliebt, in der Götz George einst die Premiere eines Schimanski-Kinofilms feierte. Und wo früher mit bis zu 2000 Grad Celsius höllische Temperaturen herrschten, geht es heute um Kino und Klettern: Die Gießhalle von Hochofen 1 ist Schauplatz des Sommer-Kinos, in der Gießhalle von Hochofen 2 erfordert der Höhenkletterparcours einen kühlen Kopf. Die Hochofenstraße hinter ihnen ist eine beliebte Kulisse für Foto-Shootings und Dreharbeiten. Vom Tatort über „Manta – Der Film" bis zu „Babylon Berlin" reichen ihre Auftritte.

So bunt kann Industrie sein: Lichtinstallationen im Landschaftspark

Heiratsanträge auf dem Hochofen

Die Hochöfen 3 und 4 waren bereits 1968 und 1970 abgerissen worden. An ihrer Stelle stehen heute symmetrisch wie einst die nebeneinander aufgereihten Hochöfen Zierkirschen und -birnen. Ihr Schatten, Bänke und die Nähe zu duftenden Food Trucks verströmen einen Frieden, den die Arbeiter hier angesichts von Temperaturen von bis zu 2000 Grad Celsius vor Schichtende nie verspürten. Superstar des Ensembles ist indes der Hochofen 5, zu dessen Besucherplattform

252 Stufen führen. In 70 Meter Meereshöhe reicht die Sicht an klaren Tagen bis zum Düsseldorfer Fernsehturm. Rund um die Uhr ist der Hochofen begehbar – außer bei Sturm, Eis und an Silvester – und hat in seinem neuen Leben mehr Heiratsanträge und ploppende Korken gehört als manche romantische Rooftop-Bar. Bei Tageslicht erklärt er nebenbei die Produktionskette eines Hüttenwerks.

Kräutergärten und Kletterwände

Achtzig Prozent des Geländes gehören heute der Natur. Über 450 Pflanzenarten hat die Biologische Station des Landschaftsparks identifiziert – keine niedrige Zahl für einen Ort, der viele Jahrzehnte lang Standort der Schwerindustrie war. Da ist es fast schon logisch, dass Manuela Sass hier die Idee entwickelte, sich in Kräuterkunde fortzubilden. Erstaunlich vieles, das hier wächst, ist gesund oder als Aufguss sogar heilsam. Nicht wenige der Pflanzen im Park sind nicht in Mitteleuropa heimisch, sondern kamen mit Kohle aus Übersee hierher. In Bunkergärten, die mit dem Wasser der Alten Emscher versorgt werden, duften im Sommer Kräuter und Blüten. Buchfinken und Rotkehlchen lärmen, abends melden sich Kreuzkröten lautstark zu Wort. In den dreizehn Meter hohen, nicht überdachten Bunkertaschen lagerten früher Vorräte von Kalkstein, Koks und Erz. Heute bilden diese Erzbunkeranlagen alpine Kletteranlagen für die Sektion Duisburg des Deutschen Alpenvereins. Ein Wasserspielplatz ist an heißen Tagen das natürliche Habitat von Familien mit Kindern.

Klettern bei Nacht

Idyll hinter Hochöfen

Bei aller Aktivitäten muss man nicht weit laufen, um alleine mit sich, der Natur und dem historischen Erbe zu sein. Hinter einem Törchen erinnert der Stadtrandgarten an die Wittfelder Straße, die durch den Bau der A 42 abgeschnitten wurde. Früher verlief hier die Grenze zum seinerzeit eigenständigen Hamborn, die Straße lag also am Stadtrand. In den siebziger Jahren riss man die Häuser und eine Kneipe ab und ließ das Gelände brachliegen - mit Schuttresten darauf. Heute erstreckt sich zehn Gehminuten hinter den Hochöfen ein grünes Idyll mit Streuobstwiese, Blumen- und Sammelgarten. Beete sind mit Stahlträgern und Ziegelsteinen der abgerissenen Häusern eingefasst, in den Parzellen des Sammelgartens wachsen steinerne Erinnerungen aus dem Boden: Schamottsteine, mit denen die Hochöfen von innen ausgekleidet waren, um ihr Durchglühen zu verhindern. Etwa alle zehn Jahre mussten sie ausgewechselt werden. Nun liegen sie im Sammelgarten zwischen wild wucherndem Farn und Storchenschnabel, ebenso wie moosbewachsene Backsteine von Häusern, in denen einst Menschen im Schatten des Hochofenwerks lebten. „Viele Leute, die oft herkommen, kennen den Stadtrandgarten gar nicht", sagt Manuela Sass. Wer hier auf einer schattigen Bank Platz nimmt, meint das Rauschen der vergehenden Zeit zu hören. Vielleicht sind es aber auch nur Motoren auf der A 42.

Rückkehr der Natur

Info

Der Landschaftspark ist immer geöffnet, der Eintritt frei. Führungen können im Besucherzentrum (Emscher Straße 71) oder per E-Mail an counter@tour-de-ruhr.de gebucht werden. Näheres zu Führungen unter www.tour-de-ruhr.de, zum Park unter landschaftspark.de

In der Nähe

Neustadt am Emscher Kunstweg

„Neustadt" heißt das 19. Werk des Emscher Kunstwegs, das der 1983 geborene Künstler Julius von Bismarck in Zusammenarbeit mit der sieben Jahre jüngeren Architektin und Künstlerin Marta Dyachenko schuf. Die Installation besteht aus 21 Miniaturen von Häusern und Bauten, die seit der Jahrtausendwende zwischen Dortmund und Duisburg abgerissen wurden. Seit Mai 2021 wecken sie hinter dem Überlaufparkplatz des Landschaftsparks Erinnerungen an die sechziger und siebziger Jahre. Per Schiff erreichten die in Berlin gefertigten und bis zu sechseinhalb Tonnen schweren Skulpturen mit zehn Stundenkilometern ihre neue Heimat in Duisburg.

Gastronomie

Hauptschalthaus

Leicht gehobene Küche und ein schöner Biergarten für Sommertage machen das Restaurant im Hauptschalthaus zur guten Adresse.
Emscher Str. 71,
www.hauptschalthaus.com.

Foodtrucks

Klassiker wie die unverzichtbare Currywurst, aber auch exotische Snacks und Spezialitäten bieten die Food Trucks auf dem Cowperplatz.

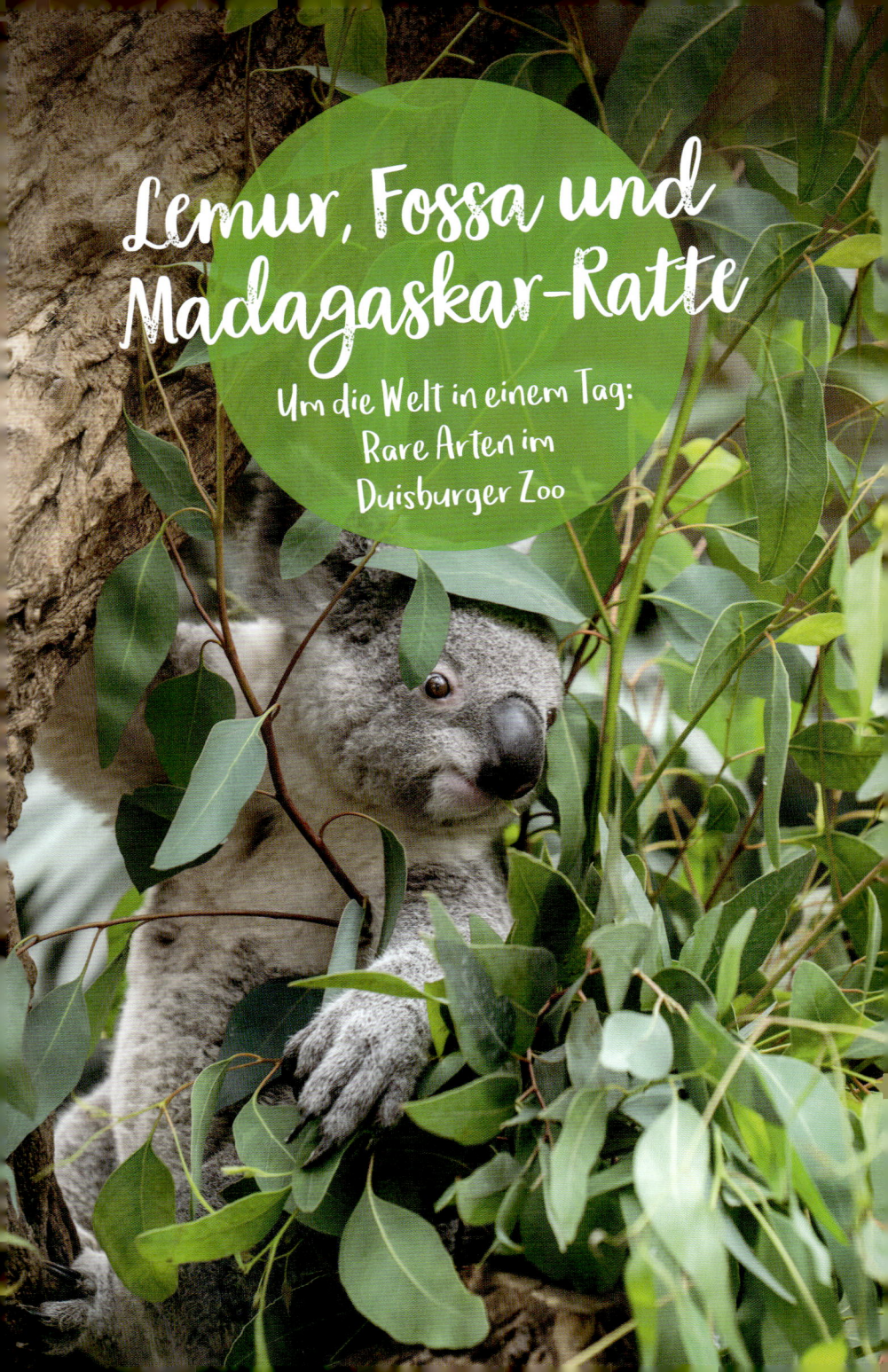

Lemur, Fossa und Madagaskar-Ratte

Um die Welt in einem Tag: Rare Arten im Duisburger Zoo

5 | Lemur, Fossa und Mangarahara-Buntbarsch

Mit 9000 Tieren und 400 Arten ist der Duisburger Zoo ein Ort für besondere Tiermomente. Neben Publikumslieblingen wie den Großen Tümmlern im Delfinarium und den Koalas, Kängurus und Wallabys in den Australien-Anlagen gibt es hier auch Spezies, für deren Sichtung man Geduld braucht. Spannend sind Begegnungen mit gefährdeten Tieren, deren Fortbestand von Artenschutzprogrammen und Auswilderungsprojekten des Zoos abhängt.

In meditativer Pose, die Hände auf den Beinen ruhend, sitzt der Katta in einer Astgabel und genießt offensichtlich den Sonnenschein. Tatsächlich lieben die auf Madagaskar heimischen Lemuren die Sonne. Fast menschlich lässt es sie wirken, so dass Besucher es besonders leicht finden, die hübschen Primaten mit ihren schwarz-weißen Gesichtern und dem geringelten Schwanz sympathisch zu finden.

Anreise Pkw/Parkplatz: A 40 bis Duisburg-Kaiserberg. Parken am Haupt- (Mülheimer Straße) und Nebeneingang (Carl-Benz-Straße). Weitere Möglichkeiten an der Universität.

Anreise mit ÖPNV: Straßenbahn 901 Richtung Mülheim bis Zoo/Uni

Besonderheiten: Seltene Tiere, für deren Sichtung man normalerweise ein Ticket nach Madagaskar und viel Glück braucht; exotische Orte, die die Besucher in eine andere Welt katapultieren.

Abenteuer & Oasen in Duisburg

Ihr Bestand ist stark gefährdet, vor allem, weil ihr Lebensraum im Südwesten Madagaskars schrumpft; außerdem werden sie gejagt. Auch der Schwarzweiße Vari und der Mohrenmaki, zwei weitere Lemurenarten, die nur auf Madagaskar vorkommen, sind in der Freianlage zu sehen. Und auch sie sind bedroht. Die hier lebenden Tiere bilden eine Reservepopulation. „Es gehört zu den ureigenen Aufgaben von Zoos, Arten zu erhalten", erklärt Christian Schreiner, studierter Biologe und Referent für Öffentlichkeitsarbeit im Duisburger Zoo. Es ist ein vielschichtiger Prozess. „Wir werben für die biologische Vielfalt", sagt Schreiner. „Wer die Tiere hier erlebt, sich mit ihnen auseinandersetzt, entwickelt Empathie und macht sich Gedanken über ihren Schutz und den ihres Lebensraums." Kinder sind besonders begeisterungsfähig für die Wunder der Natur. Tiere zu beobachten, die miteinander interagieren, fasziniert Menschen aller Altersstufen. In einem begehbaren Gelände ohne Abgrenzungen, wo ein Lemur schon einmal über den Besuchern durch die Bäume turnt oder vor ihnen den Weg

Besonders beliebt sind die hübschen Kattas aus Madagaskar.

quert, sind die Begegnungen mit seltenen Tieren besonders intensiv und eindrucksvoll.

Die entzückenden Kattas gehören zu den Flaggschiff-Arten, von deren hohen Sympathiewerten auch weniger populäre Arten profitieren. Etwa die scheue, dämmerungsaktive Madagaskar-Ratte, die nur wenige Zoo-Besucher jemals gesehen haben, obwohl sie auch auf der begehbaren Lemureninsel lebt. Aber auch, wer sie – wie die meisten Besucher – nie gesehen hat, kann ihr helfen, indem er sich für bedrohte Tiere auf der fernen Insel einsetzt – durch Spenden, durch umweltschonendes Konsumverhalten und nicht zuletzt durch Besuche im Zoo.

Schutz im Zoo und am Herkunftsort

Kattas sind durch den Menschen und sein Verhalten bedroht, sie besitzen aber auch natürliche Feinde. Im Zoo sind diese Feinde in unmittelbarer Nachbarschaft zu finden: In drei benachbarten Anlagen, die sich miteinander verbinden lassen, leben die ebenfalls ausschließlich auf der Insel Madagaskar vorkommenden Fossas. Die als Einzelgänger lebenden Raubtiere sind geschickte Kletterer, weshalb man sie kopfüber hangelnd in ihren Gehegen beobachten kann. Zugleich sind sie sehr geschickte Jäger, weshalb ihre Anlage im Zoo von ihrer Lieblingsbeute, den Lemuren, getrennt ist. Weil auf Madagaskar genau wie bei uns unberührte Wälder immer weniger werden, ist dort ein Konflikt zwischen Schleichkatzen und Bauern entstanden. Denn die Fossas bedienen sich angesichts schrumpfender Habitate zunehmend bei den Hühnern der Landwirte, die dann geneigt sind, zum Gewehr zu greifen. Der Zoo initiierte bereits 1995 einen internationalen Fossa-Fonds zum Schutz und zur Erfor-

Fossas sind die natürlichen Feinde der Kattas.

schung der Tiere. Zu den vom Fonds finanzierten Maßnahmen zählt neben der Einrichtung eines Schutzgebiets im Nordwesten Madagaskars sowie einer Zuchtstation auf der Insel auch die Unterstützung der Bauern beim Bau raubtiersicherer Hühnerställe. Es ist eines von einer Vielzahl von Projekten zum Artenschutz, die der Duisburger Zoo ganz oder teilweise trägt. Der Besuch im Zoo bietet nicht nur Anregung und Erlebnisse, sondern trägt auch zum Erhalt der Fauna bei – in freier Wildbahn wie in Duisburg. So ist der Zoo heute das erfolgreichste Zuchtzentrum der Welt für Fossas und somit wesentlich für den Erhalt der eigenartigen Raubtiere mit den hübschen Gesichtern.

Zoos als einzige Lobby stark bedrohter Arten

Ein weiterer Bewohner Madagaskars, der dort bereits als ausgestorben galt, ist im „Haus der tausend Fische" zu finden, dem Aquarium und ältesten Gebäude des Zoos. Nur drei bis vier Exemplare des recht unscheinbaren Mangarahara-Buntbarsches lebten noch in Zoos, als eine Expedition auf der Insel vor Ostafrika im Jahr 2013 doch noch einige Mangaraharas fand. Es wurde ein Zuchtort auf der Insel angelegt, um die Art zu erhalten. Einige der Jungfische wurden nach Toronto gebracht, wo sie sich im Zoo erfolgreich vermehrten – so gut, dass schließlich auch einige Buntbarsche nach Europa überführt wurden. Über den Kölner Zoo, der ebenfalls erfolgreich züchtete, gelangten schließlich dreißig Fische nach Duisburg, um auch hier eine Reservepopulation aufzubauen – einen sicheren Bestand, der sich möglicherweise in seinen ursprünglichen Lebensraum zurückführen lässt. Im Madagaskar-Becken, wo auch der ebenfalls bedrohte Madagaskar-Ährenfisch zu sehen ist, sind die kleinen braunen Fische seither heimisch. „Zoos sind die einzige Lobby solcher Arten", sagt Christian Schreiner. „Ohne sie würden Tiere wie der Mangarahara-Buntbarsch verschwinden." Schon jetzt gebe es mehr als fünfzig Tierarten nur noch in Zoos. „Wir hegen die raren Arten, die nicht im Fokus stehen, um die Artenvielfalt zu erhalten."

Leicht zu übersehen: der Mangarahara-Buntbarsch ist einer der heimlichen Superstars des Zoos.

Von Duisburg nach Argentinien

Weil der Lebensraumverlust in Madagaskar weiter voranschreitet, ist eine Rückführung der bedrohten Fische kurzfristig kaum möglich. Nachbarn wie die Riesenotter beweisen jedoch, dass die Rückführung bedrohter Tiere in ihren ursprünglichen Lebensraum aufwändig, teuer und kompliziert ist – aber möglich. Die Riesenottern waren in Argentinien bereits seit 50 Jahren ausgerottet. Wegen ihres Fells hatte man sie rücksichtslos gejagt. Heute sind sie im Iberá-Nationalpark in Argentinien wieder heimisch. Das erste Tier war das Riesenotterweibchen Alondra, das nach einer Zwischenstation in Ungarn von der Stiftung Rewilding Argentina erfolgreich in Argentinien ausgewildert wurde. Geboren wurde Alondra im Duisburger Zoo.

Info

Zoo Duisburg, Haupteingang Mülheimer Straße, März-Oktober tgl. 9-17.30 Uhr, November-Februar tgl. 9-15.30 Uhr. zoo-duisburg.de

Afrikas Großkatzen sind natürlich auch im Zoo vertreten.

In der Nähe

Entschleunigung im Regenwald

Der Zoo bietet auch die Gelegenheit, mit allen Sinnen in den Lebensraum exotischer Tiere einzutauchen – ein Urlaub auf die Schnelle. Die Tropenhalle Rio Negro bündelt auf ihren 1000 Quadratmetern nicht nur einen in sich geschlossenen Lebensraum, sie bietet auch an kühlen oder kalten Tagen die Möglichkeit zur Flucht in den südamerikanischen Regenwald. Sonnenrallen und Amazonen zwitschern, Wasser plätschert, in dichter Vegetation springen Löwen- und Sumpfspringäffchen umher. Durch große Scheiben blickt man in einen Flusslauf – oder hat zumindest diesen Eindruck. Schnell entsteht hier das Gefühl, man befände sich tatsächlich in einer anderen Welt, weitab vom Alltag. Hinter Scheiben krabbeln Blattschneiderameisen; der Betrachter sieht sie in einer kleinen Vitrine, die durch Rohre mit anderen verbunden ist. 2021 wurde das Ameisenquartier eingerichtet. Wer sich in der wie ein ausgetrockneter Flusslauf gestalteten Tropenhalle auf eine Bank setzt, kommt zur Ruhe und kann den Blick für die kleinen und größeren Wunder des Regenwalds schärfen. „Jedes Mal, wenn ich hier reinkomme, sehe ich etwas anderes", sagt Christian Schreiner. Für ihn ist die Tropenhalle ein Ort unendlicher Faszination. Nicht immer sieht man Perlenrochen in der Unterwasserwelt des Rio Negro, und auch die Sichtung der in Südamerika heimischen und mit dem Meerschweinchen verwandten Pakas aus nächster Nähe ist Glückssache.

Auch die Schwarzweißen Varis gehören zu den stark gefährdeten Arten.

Abenteuer & Oasen in Duisburg

Ein Nasenbär

Tipp

Abends im Zoo

Blätter rascheln. Etwas bewegt sich im Gebüsch. Und knurrt da ein Luchs? Wer an einer Nachtsafari durch den Zoo teilnimmt, erlebt eine andere Tierwelt als bei Tag. Denn es sind keine anderen Besucher mehr da, und die dämmerungsaktiven Tiere laufen jetzt erst zur Hochform auf. Andere legen sich zur Ruhe und schlafen - auch das ist ein auch für erfahrene Zoogänger ein ungewohnter Anblick. Um den Zoo und seine Bewohner zu später Stunde zu erleben, ist eine Anmeldung (per E-Mail an servicebuero@zoo-duisburg.de) erforderlich.

In der Nähe

Kaiserberg: Waldwege zwischen Garten und Zoo

Den höchsten öffentlich zugänglichen Punkt im Stadtgebiet bildet der Kaiserberg. Mit einer Höhe von 75 Meter über Normalnull ist er zumindest der König unter Duisburgs Erhebungen. Er ist keine Halde, sondern als Ausläufer des rechtsrheinischen Schiefergebirges eine natürliche Erhebung. Heute teilen sich Stadtwald und Zoo den Hügel; an seinem Fuß liegt der Botanische Garten. Der Berg besitzt gepflegte Wanderwege.

Blick über die Ruhrauen auf den Kaiserberg

Gastronomie:

Duisburgs Lindenwirtin
Traditionslokal mit Biergarten in einem 1728 erbauten Fachwerkhaus. Gute Schnitzel, riesige Burger.
Mülheimer Str. 203,
www.duisburgs-lindenwirtin.de
Sa. geschl.

Wilder Wiener
Wiener Schnitzel, Rindertafelspitz, Fiakergulasch und andere Köstlichkeiten aus Österreich – und das in der Schweizer Str. 1.
www.wilder-wiener.de
Di. geschl.

Kartoffel-Kiste
Der Name ist Programm: Reibekuchen, Kartoffelpfannkuchen, Vegetarisches und Fleisch mit Kartoffelbegleitung.
Schweizer Str. 105,
www.kartoffel-kiste.com
Mo. geschl.

6 | Grachten und Getreidespeicher

Mit dem Ende der Getreidemühlen verlor der Innenhafen in den Sechzigern seine wirtschaftliche Bedeutung. Die Umgestaltung in ein lebendiges Viertel am Wasser mit Museen, Restaurants und viel Grün gilt als Vorzeigebeispiel gelungenen Strukturwandels. Historische Mühlen und Speicher, ein Spazierweg entlang der mittelalterlichen Stadtmauer, ein Sporthafen und zeitgenössische Kunst sind hier eine wunderbare Freundschaft eingegangen.

Ungläubig rieben die Menschen sich die Augen. Erst hatte der Rhein in einem apokalyptisch anmutenden Hochwasser Stadt und Land überschwemmt. Nun war er verschwunden. Was würde als nächstes geschehen? Der Himmel einstürzen? Der Fluss, der vor Jahrhunderten das Römische Reich begrenzte und auch seither verlässlich in seinem Bett unterhalb der Stadtmauer geflossen war, war abgewandert – und zwar gleich drei Kilometer nach Westen.

Anreise Pkw/Parkplatz: Parkhaus City, Unterstraße 19-21

Anreise mit ÖPNV: Straßenbahn 901 bis Rathaus

Besonderheiten: Uferpromenade, Stadtmauer, Museum Küppersmühle für Moderne Kunst

Abenteuer & Oasen in Duisburg

Rhein verschwindet über Nacht

Dem Duisburger Königshof und seiner Stadt blieb ein etwas brackiges Altwasser, ein toter Flussarm. Die Stadt, dank ihrer Lage am Rhein ein wohlhabender Handelsplatz – so reich sogar, dass sie im Jahr 833 von raub- und mordlustigen Wikingern überfallen worden war –, lag plötzlich nicht mehr verkehrsgünstig direkt an der großen Wasserstraße. Prost Mahlzeit, dachten die Duisburger. Immerhin hatten sie noch den Altrhein, wie sie den toten Arm des Flusses nun nannten. Einige Zeit verlegte man sich auf Schiffbau, bis der alte Rheinarm im 14. Jahrhundert komplett verlandet war. Es folgte eine lange Zeit Duisburgs als bescheidene, später zunehmend gelehrte Ackerbürgerstadt – und der Aufstieg des benachbarten Orts an der Ruhrmündung zum wichtigsten Kohlehandelsplatz in Europa.

Ruhrort profitierte von der Laune des Rheins, sein Flussbett zu verlagern.

Ackerbürger graben Kanal im alten Flussbett

Die Misere sollte andauern. Erst im 19. Jahrhundert wurde die Verbindung zum Rhein auf Betreiben Duisburger Kaufleute wieder hergestellt, als im alten Rheinbett der Rhein-Kanal gebaut wurde, den spätere Generationen als Außenhafen kennenlernten, und der Ruhr-Kanal entstand, der aus der verlandeten Rheinschleife unterhalb der Stadtmauer geschaffen wurde. Er verband Duisburg mit der Ruhr, wurde aber nach 50 Jahren aufgrund des Rückgangs der Ruhr-Schifffahrt zugeschüttet, als der Innenhafen durch künstliche Hafenbecken zwischen dem Rhein und dem Mündungsgebiet der Ruhr seine heutige Form erhielt. Die Wechselfälle des Lebens hatte er damit nicht hinter sich gelassen; in den 1960er Jahren verlor er an Bedeutung und bestand hauptsächlich aus wenig attraktiven Lagerhallen, die die City vom Wasser trennten.

Historische Speicher, Wasser, Sportboote und viel Flair

Heute hat man hier kaum weniger Grund zum Staunen als die Duisburger einst nach dem Abwandern ihres Flusses. An den Ufern des Innenhafens erheben sich Neubauten wie die an Schiffe erinnernden „Five Boats", sowie restaurierte Speicher und Getreidemühlen. Sie erinnern daran, dass sich hier Ende des 19. Jahrhunderts wiederum der wirtschaftliche Schwerpunkt verlagerte; wo man zuvor in erster Linie Kohle und Grubenholz umgeschlagen hatte, wurde nun Getreide gelagert und gemahlen – dies war die Kornkammer des Reviers. In den historischen Speichern, Hallen und Mühlen sind heute das Landesarchiv Nordrhein-Westfalens, Büros, Ateliers und Museen ansässig. Auf der Promenade am Wasser flanieren Spaziergänger, auf Bänken sitzen Menschen und plaudern, vor einem Restaurant am Ufer füllen sich die Tische. Es ist ein bisschen wie im South Street Seaport im

Abenteuer & Oasen in Duisburg

Moderne Architektur bildet im Innenhafen die Kulisse für Sporthafen, Flaniermeilen und Restaurants.

fernen Manhattan: historische Lagerhäuser, Wasser, Sportboote und jede Menge Atmosphäre. Der Innenhafen hat sich seit den 1980er Jahren zum Musterbeispiel des Strukturwandels entwickelt. Aus Leerstand und Niedergang wurde ein Viertel, das zum Wohnen und Arbeiten genauso attraktiv ist wie zur Freizeitgestaltung.

1000-jährige Stadtbefestigung

Was New York indes nicht vorweisen kann, sind Zeugnisse und Spuren von mehr als tausend Jahren Siedlungsgeschichte. Die Stadtmauer, die im Innenhafen und am Springwall, der auf Höhe des hübschen Altstadtparks vom Innenhafen abzweigt, in ihrer ursprünglichen Höhe erhalten ist, stammt aus dem 12. und 13. Jahrhundert. Einen Schutzbau in Form eines Erdwalls mit Palisade und Stadtgraben, bald ergänzt durch eine erste steinerne Mauer auf der Außenseite, gab es sogar schon im 10. Jahrhundert. Berichte über den zerstörerischen Besuch der Wikinger hatten auch nachfolgende Generationen wachsam gemacht. Um die Wende zum 14. Jahrhundert erhöhten die Duisburger die Mauer noch einmal und ergänzten sie durch Wachtürme.

An der Untermauerstraße sind Überreste dieser ältesten Mauerteile aus dem 10. Jahrhundert zu sehen. Zu Beginn der Umgestaltung des Innenhafens wurden auch vergessene Abschnitte der Stadtmauer freigelegt. Den Bereich am Springwall brachte in den 1980er ein Brand in einer Holzlagerhalle zutage, als deren Rückwand er ein Leben im Verborgenen geführt hatte. An dieser Ecke steht auch der Koblenzer Turm, der zu den jüngeren Ergänzungen der Befestigung aus dem Spätmittelalter zählt. Dass man den Wert historischer Bauten in jeder Epoche anders betrachtet, beweist die Tatsache, dass man sich Ende des 19. Jahrhunderts beim Bau des Rathauses an seinen Steinen bediente.

Duisburgs Stadtmauer zählt zu den am besten erhaltenen Befestigungsanlagen im deutschsprachigen Raum.

Abenteuer & Oasen in Duisburg

Mit ihrer Länge von 650 Metern ist die Stadtmauer eine der besterhaltenen mittelalterlichen Befestigungen im deutschsprachigen Raum. Am Alten Wehrgang, der teilweise parallel zur Uferpromenade des Innenhafens verläuft, kann man der schön restaurierten Mauer von Turm zu Turm folgen.

Blühender Lavendel und ein Garten der Erinnerung

Der breite Streifen Land zwischen Stadtmauer und Wasser entstand, als im 19. Jahrhundert die künstlichen Hafenbecken des Innenha-

In der Nähe

Das älteste Haus der Stadt

Auch innerhalb der alten Stadtmauern sind Spuren aus Mittelalter und früher Neuzeit erhalten. Das Dreigiebelhaus ist das älteste erhaltene Wohnhaus in Duisburg und war natürlich schon im Corputius-Plan verzeichnet. Brandneu war es da mit mindestens dreißig Jahren allerdings auch nicht mehr; erstmals urkundlich erwähnt wurde es nämlich bereits 1536. Nach Stationen als Kloster, als Textilfabrik und als Restaurant bietet es heute Künstlern Atelierfläche hinter sehenswerter Fassade und unter drei Giebeln.

fens ausgehoben wurden. Außer der Promenade zieren ihn heute der Museumsgarten am Johannes-Corputius-Platz, in dem im Sommer Bienen über duftenden Lavendelbeeten summen, ein großer Spielplatz und der auch als Altstadtpark bekannte Garten der Erinnerung. In diesem drei Hektar großen, vom israelischen Bildhauer und Künstler Dani Karavan (1930–2021) entworfenen Park sind einige der Industriebauten von früher als Veranstaltungskulissen erhalten – Reste abgerissener Lagerhallen, aber auch ein mit Kiefern bepflanztes Treppenhaus, heute in Anlehnung an das früher ansässige Unternehmen Ludwigsturm genannt. Weiße Linien fassen das Gelände der verschwundenen Lagerbauten ein; wo früher Stein war, ist nur Natur. Getreideflächen im Herz des Parks und eine Waage erinnern an die Industriegeschichte und die einstige Bedeutung des Innenhafens als Brotkorb des Reviers.

Im Garten der Erinnerung

Parklandschaft mit Trümmerteilen

Ein Spazierweg aus mosaikartig zusammengesetzten Trümmerteilen führt durch den Park; weiterer Abbruch wurde zu einem ungewöhnlichen Steingarten. Auf Betonwellen können Besucher aber auch skaten oder mit dem BMX-Rad Gefahr suchen. So soll die Erinnerung an Arbeit und Broterwerb der Vergangenheit mit der heutigen Nutzung als Freizeitoase verbunden werden. Zur Landseite begrenzen das Jü-

Lichtspiele: der Innenhafen bei Nacht

Natur statt Lagerhallen im Altstadtpark

dischen Gemeindezentrum mit der Synagoge und ein Seniorenzentrum den Park. An seiner Wasserseite liegt der Sporthafen; neben ihm führt die Buckelbrücke auf die andere Seite des Hafenbeckens. Die eigenwillig konstruierte, 79 Meter hohe Zugbrücke für Fußgänger und Radfahrer besteht aus vierzehn einzelnen Betonelementen und ist 150 Tonnen schwer. Sie wird von Stahlseilen gehalten und kann sich bis zu neun Meter nach oben wölben, um Schiffe passieren zu lassen. Seit 1999 verbindet die von Jörg Schlaich konzipierte Brücke die beiden Ufer miteinander.

Kultur, Kinder und Kunst

Auch wenn sich statt Bienen ergiebiger Regen über Lavendel und Klatschmohn hermacht oder sich ein winterlicher Frostrand über den Innenhafen legt, vergeht ein Tag hier wie im Flug. Nicht weit hinter der Schwanentorbrücke bildet das Kultur- und Stadthisto-

Das Landesarchiv NRW
mit dem Archivturm

rische Museum (s. Seite 30) den kulturellen Einstieg ins Viertel und in die Biografie der Stadt. Das Kindermuseum Explorado liegt ebenfalls am Wasser und bietet Kindern am Wochenende Anregungen zum Spielen, Forschen und Lernen. Noch ein Stück weiter befindet sich das Museum Küppersmühle für Moderne Kunst – wie der Name andeutet – in einer denkmalgeschützten Mühle. Hinter seiner Backsteinfassade verbirgt sich mit der Sammlung Ströher eine der bedeutendsten privaten Kollektionen moderner und zeitgenössischer deutscher Kunst. Wella-Erbin Sylvia Ströher und ihr Mann Ulrich zählen zu den wichtigsten Kunstsammlern in Deutschland.

Arbeiten von Kiefer, Penck, Lüpertz und Uecker

Zu den prominenten Namen, die auf einer Ausstellungsfläche von 2500 Quadratmetern die Höhepunkte ihrer 2000 Arbeiten umfassenden Sammlung repräsentieren, gehören Anselm Kiefer, Markus Lüpertz, A.R. Penck und Guenther Uecker. Auch die Wechselausstellungen des Museums haben ihren Fokus auf Kunst der Moderne und Gegenwart – und nun auch noch mehr Platz, denn die Ausstellungsfläche wurde bis Herbst 2021 um weitere 2500 Quadratmeter erweitert. Ein Anbau mit vier Etagen ist nun durch den historischen Silotrakt, der zuvor nicht zugänglich war, mit dem bisherigen Mu-

Info

Explorado Kindermuseum, Philosophenweg 23-25,
Fr. 14-18 Uhr, Sa./So. 10-18 Uhr. www.explorado-group.com
Museum Küppersmühle für Moderne Kunst, Philosophenweg 55,
Mi. 14-18 Uhr, Do.-So. 11-18 Uhr. www.museum-kueppersmuehle.de

seumsbau verbunden. Die Architektur des Museums ist in ihrer Verbindung aus Industriegeschichte und zeitgenössischer Klarheit fast so sehenswert wie seine Exponate.

Die Mühle beherbergt heute eine herausragende Sammlung moderner und zeitgenössischer Kunst.

Gastronomie

Faktorei
Die besten Burger weit und breit, außerdem Steaks und sündiger Cheesecake mit Hafenblick.
Philosophenweg 21,
www.faktorei.de
Mo. geschl.

L'Osteria
Pizza in Übergröße aus dem Steinofen und Pasta zum Verlieben am Wasser. Viele Plätze im Freien.
Schifferstr. 190,
losteria.net.

Ein Bad im Stadtwald

Tief durchatmen: Entspannung zwischen Wildschweinen und Heiligem Brunnen

7 | Ein Bad im Stadtwald

Im Wald laufen und dabei Geräusche, Gerüche und Bilder aus der Natur intensiv auf sich wirken lassen, das schärft die Sinne und tut gut – der Seele wie dem Körper. Waldbaden nennt man den bewussten Aufenthalt im Grünen, der den Blutdruck senkt und das innere Gleichgewicht stärkt. In Japan gibt es das Waldbad deshalb sogar auf Rezept. Zwischen Zoo und Mülheimer Stadtgrenze bietet der Stadtwald die ideale Gelegenheit, Natur auch ohne ärztliche Verordnung neu zu erleben. Also: Losgehen, die Gedanken fliegen lassen und den Wald hören, riechen, sehen, spüren – und die sauerstoffreiche Luft tief in die Lunge saugen. Kunst, einen Heiligen Brunnen und Wissenswertes über den Wald gibt es als Dreingabe.

Vögel singen, Laub und feuchtes Erdreich verströmen im Frühling süßen, im Herbst würzigen Duft. Auf Baumstämmen spielt das Licht der Sonne. Blätter rascheln am Boden. Ein Spaziergang im Stadtwald ist ein Genuss für Augen, Ohren und Lungen. Wer seine Wahrnehmung schärft, alle Antennen ausfährt und in der Atmosphäre des Waldes regelrecht „badet", der geht nicht schlicht spazieren, sondern tankt neben Sauerstoff auch Ruhe, inneren Frieden und tut etwas

Anreise Pkw/Parkplatz: A40 bis Duisburg-Kaiserberg. Parken am Zoo (Haupt- oder Nebeneingang).

Anreise mit ÖPNV: Straßenbahn 901 bis Zoo/Uni

Besonderheiten: Heiliger Brunnen, Wildschweingehege

für seine Gesundheit. Als „Waldbaden" ist diese Form des bewussten Aufenthalts im Wald zum Wellness-Trend geworden – eine Art Spaziergang mit erweiterten Mitteln, von gezielter Atmung bis zur Meditation. Dabei kann man sich einer geführten Wanderung anschließen, sich aber auch auf die eigene Intuition verlassen, durchatmen und mit geschärften Sinnen loslaufen.

Meditativ: See im Stadtwald

Grüne Lunge mit Geschichte

Mit seinem Netz gepflegter Wege bietet der Duisburger Stadtwald für dieses bewegte Bad ein ideales Terrain. Zwischen dem Zoo auf der einen und dem Mülheimer Stadtgebiet auf der anderen Seite erstreckt er sich auf einer Fläche von 600 Hektar. Obwohl er als eine der grünen Lungen der Stadt einen hohen Freizeitwert besitzt, sich hier am Wochenende Jogger und Spaziergänger, Familien mit Kinder- und Bollerwagen, aber auch Hundebesitzer und Reiter vergnügen, gehören zehn Prozent des Waldes allein der Natur. Sie bleiben von forstwirtschaftlichen und anderen Eingriffen des Menschen unberührt, bieten Tieren ein Rückzugsgebiet und ermöglichen Pflanzen ungesteuertes Wachstum. Es ist nicht viel, eher erschütternd wenig im Vergleich zu dem dichten Wald, der im Mittelalter das gesamte große Gebiet zwischen den Flüssen Rhein, Ruhr und Düssel bedeckte. Doch im dritten Jahrtausend freut man sich über jedes Biotop auf Stadtgebiet, das mit bloßem Auge wahrnehmbar und zugleich den Blicken der Menschen entzogen ist. Der Stadtwald liegt im Übrigen nicht nur in der Stadt, er ist auch in ihrem Besitz. Schon im Mittelalter war das so; allerdings war seine Nutzung damals das exklusive Recht einzelner Bürger, der Walderben. Für alle anderen bedeutete das: Finger weg von den Schätzen des Waldes. Einzig Steine durften die Duisburger im 12. Jahrhundert im Wald sammeln. Ansonsten waren seine Vorräte von Holz bis Wild den Walderben vorbehalten. Immerhin stammen auch die Steine für den Bau der Stadtmauer aus dem Waldgebiet. Ein kleiner See füllt heute die Grube des stillgelegten Steinbruchs. Auch nach Kohle wurde hier gegraben. Nicht weit vom Steinbruch ist ein alter Stolleneingang erhalten, den im 18. Jahrhundert eine Räuberbande als Versteck nutzte – so will es zumindest eine Legende.

Ein Beil als Weihgabe am Heiligen Brunnen

Die Möglichkeit, Steine aufzuklauben, lockt heute kaum jemanden in den Wald. Auf den breiten Pfaden des Skulpturenwegs, des Natur- und Rundwegs gibt es genug anderes zu tun: Luft holen. Atmen. Sauerstoff ganz tief in die Lungen saugen. Die Umgebung auf sich wirken lassen. Lauschen und schnuppern – und die Gedanken auf Wanderschaft schicken. Oder in die große Pause. Auf einem Zweig sitzt ein Rotkehlchen, im überwiegend aus Buchen bestehenden Wald leuchten im Frühsommer hier und da rote Kastanienblüten. Sonnenstrah-

Skulptur von Regina Bartholme

len funkeln auf grünen Blättern. Und noch mehr ist zu sehen: Etwa die Skulpturen der Duisburger Künstlerin Regina Bartholme am Wegrand – und in lichten Höhen wie die Figur im langen roten Gewand, die sich über Augenhöhe an einen Stamm schmiegt. Steinerne Stufen führen zum Heiligen Brunnen hinab. Allerdings plätschert hier kein Heilwasser, da die Quelle nicht tief genug im Boden liegt. Dennoch verströmt das Gewässer im Wald seinen ganz eigenen Zauber. Denn besondere spirituelle Bedeutung hat dieser Ort, der im 16. Jahrhundert als Hilgenbornscher Berg erstmals erwähnt wurde, vermutlich schon sehr lange. Vor über hundert Jahren wurde hier – zufällig – eine Beilklinge aus der Jüngeren Bronzezeit gefunden. Das Fundstück liegt heute in einer Vitrine des Kultur- und Stadthistorischen Museums im Innenhafen. Als die Ausstellung 1902 als vergleichsweise übersichtliches Heimatmuseum im damals neuen Rathaus begründet wurde, rief man Duisburger Bürger auf, Keller und Dachböden nach potenziellen Exponaten abzusuchen. Auf diesem Weg gelangte das Beil in die Sammlung. Seine Datierung ist verifiziert; wie es aber aus der fernen Vergangenheit in die Gegenwart zurückfand, weiß niemand. Auch sonst gibt das Beil Rätsel auf. Denkbar ist, dass es aus kultischen Gründen hier niedergelegt wurde. Noch heute sieht man gelegentlich Gaben am Heiligen Brunnen. Dass hier auch Waldgottesdienste gefeiert werden, passt unbedingt zum Ort mit spiritueller Geschichte.

Am Heiligen Brunnen

Sauerstoff und Meditation im Waldbad

Seinen Ursprung hat das Waldbaden in Japan, einer Nation, die mit dem Phänomen Stress gut bekannt ist. Kein Zufall also, dass dort sogar eine „Forstmedizin" entwickelt wurde. Sie erforscht die Auswirkungen des Waldes auf die Gesundheit des Menschen. Ergebnis: Wälder sind für den Menschen wahre Gesundbrunnen. Seit über dreißig Jahren wird das Waldbaden in Japan zur aktiven Gesundheitserhaltung empfohlen. Schon lange vorher waren Wälder Paradiese für Wanderer, Spaziergänger und Naturliebhaber. Waldbaden geht aber noch weiter: Es bedeutet, im Wald nicht nur gesunde Luft zu atmen, sondern die besondere Atmosphäre des Naturraums mit allen Sinnen zu erspüren. Dazu gehören auch Atemübungen und Meditation. Beide Disziplinen passen gut zusammen: Bei Atemübungen wird der Atem gezielt gelenkt, bei der Meditation die Aufmerksamkeit – und beide wirken entspannend. Wer im Wald lieber wandert als meditiert, profitiert aber ebenfalls von den positiven Eigenschaften dieses Naturraums. Bewegung an frischer Luft entspannt und macht gute Laune.

Abenteuer & Oasen in Duisburg

> ## Tipp
> **Bade-Tour**
> Geführtes Waldbaden bietet die Wanderführerin und Reiseleiterin Manuela Sass aus Duisburg an. Näheres: manu-to-go.de

Wissenschaftler haben nachgewiesen, dass schon ein kurzer täglicher Waldspaziergang den Anteil des Stresshormons Kortisol im Blut senkt. Der Wald schützt vor Hitze, Lärm und negativen Umwelteinflüssen und weist dazu eine hohe Konzentration von Sauerstoff auf. Weniger bekannt ist, dass Bäume über ihre Blätter oder Nadeln positive Botenstoffe abgeben. Sie erreichen den Menschen über die Atemluft und die Haut und stärken sein Immunsystem – auch in Herbst und Winter. Dann sehen Bäume und der Wald zwar anders aus, aber nicht weniger schön. Unabhängig von der Jahreszeit senken Waldbad oder Wald-Wanderung Puls und Blutdruck, befeuchten die Atemwege und stärken die Abwehrkräfte.

Unwiderstehlich: Wildschweine mit Frischlingen

Wildschwein von links, Specht aus dem Off

Der Pulsschlag beschleunigt sich trotz blutdrucksenkender Wirkung des Spaziergangs ein wenig, als vernehmliches Grunzen ertönt: Wildschweine. Dass die Tiere eingezäunt sind, ist zumindest im Frühjahr und Sommer sehr beruhigend. Denn durch den Schlamm, den der letzte Regenguss hinterließ, stolpern und rennen Frischlinge und Jungtiere aller Altersstufen, beobachtet von Menschen ähnlich unterschiedlicher Altersstufen, die vor dem Zaun des Geheges am Forsthaus stehen. So entzückend die zum Teil gerade mal meerschweingroßen Wildschweinchen sind, so ungern würde man einem der älteren Tiere begegnen, wenn sie den Nachwuchs in freier Wildbahn spazieren führen. Mit einer Fläche von 10.000 Quadratmetern ist das eingezäunte Gelände indes groß genug, um Ausbrüche unnötig zu machen.

Die Tiere dabei zu beobachten, wie sie einander um den Stall jagen und durch den Morast staksen, kann zum tagfüllenden Programm werden. Waldbadende sollten daher beizeiten gegensteuern und ihre Aufmerksamkeit wieder auf das ganze Habitat richten: Bäume, die Farben ihrer Blätter, auf die Form ihrer Stämme und die Gesichter und Figuren, die man in ihrer Rinde erkennt, wenn man der Fantasie die Zügel schießen lässt. Schnecken mit und ohne Haus, die sich durch saftiges Grün fressen oder auf dem Weg ihr Leben riskieren. Irgendwo schlägt ein Specht. Es ist ein magischer Moment.

Tipp

Spielplatz im Wald

Sehr gepflegt, mit guten Spielgeräten und schön gelegen ist der Waldspielplatz ein ideales Ziel für waldbadende Familien mit jüngeren Kindern. Schafsweg 25

Einladend und gepflegt sind die Wege im Stadtwald.

Ein Bad im Stadtwald

In der Nähe

Haus Hartenfels – Industriellen-Villa auf dem Hügel

Mit Erkern, Zinnen und Türmchen ist der im Stadtwald gelegene Landsitz Haus Hartenfels ebenso sehenswert wie repräsentativ. Der Stahl-Industrielle Peter Klöckner (1863–1940) ließ ihn in den 1920er Jahren auf dem höchsten Punkt der Stadt anlegen. 1912 war sein Traumhaus im Grünen fertig, 1927 ließ er es erweitern. Bald wurden die Zeiten freudlos, wiewohl das Stahlunternehmen noch zu Beginn des Kriegs florierte, expandierte und Schienen bis nach China lieferte. Klöckner starb indes am 5. Oktober 1940. Seine Familie verbrachte noch die nächsten beiden Kriegsjahre hier. Nach Kriegsende wurden Ausgebombte und Flüchtlinge in Haus Hartenfels untergebracht. Doch später verfiel das Haus, bis es in den 1980er Jahren liebevoll restauriert und 1998 mit seinem großen Park unter Denkmalschutz gestellt wurde. 2019 wurden in der märchenhaften historischen Bausubstanz mehrere Eigentumswohnungen fertiggestellt.

Gastronomie

300 Biersorten, ein Krug

300 Sorten Bier bieten viele Gründe für einen Besuch im Finkenkrug. Außerdem Burger, Wraps, vegetarische Gerichte.
Sternbuschweg 71,
www.finkenkrug.de

Café Steinbruch

Einst Kneipe für Malocher aus dem Steinbruch, heute Treffpunkt für Waldläufer aller Altersgruppen. Biergarten, Live-Musik.
Lotharstr. 318-320.,
steinbruch-duisburg.de.

Ländliche Oase im grünen Süden

Flanieren im Dorf Friemersheim

8 | Ländliche Oase im grünen Süden

Über den Rheindeich in die Auen: Im historischen Friemersheim sieht es aus wie vor 200 Jahren. Es ist schwer zu sagen, was schöner ist – das Jahrhunderte alte, denkmalgeschützte Dorf mit seinen restaurierten Bauten oder die Rheinauen, die sich hinter dem Damm erstrecken. Beides zusammen ergibt eine perfekte Kulisse für eine Zeitreise – mit Wanderung durchs Naturschutzgebiet und Picknickpause am Rhein.

Hohe Bäume säumen den Weg zur Dorfkirche. Makellos weiß, mit zierlichem Glockenturm und anmutigen Seitenschiffen erhebt sie sich wenige Schritte vom Rheindeich entfernt. Vor der Kirche erstrecken sich schattige Rasenflächen. Gepflegte historische Häuser säumen den Dorfanger, historische Bauernhöfe den Rheindeich. Es ist, als tauche man in Friemersheim tatsächlich in die Seiten eines Bilderbuchs – oder in die Kulisse eines historischen Films. Natürlich hat der zu Rheinhausen gehörende Stadtteil auch ein modernes Gesicht. Einzigartig ist Friemersheim jedoch, weil das historische Dorf am Rheindeich perfekt erhalten ist.

Anreise Pkw/Parkplatz: A57 bis Krefeld-Gartenstadt, dann Richtung Rheinhausen. Parkplätze an der Dorfkirche.

Anreise mit ÖPNV: Busse 914 und 927 bis Schützenstraße

Besonderheiten: Historischer Ortskern, Rheinauen

Abenteuer & Oasen in Duisburg

Innovativer Geist in alten Mauern

Historisches Erbe hat nichts mit Rückständigkeit zu tun. So war ausgerechnet in diesem dörflichen Idyll, in dem Autos die einzigen sichtbaren Hinweise auf das 21. Jahrhundert geben, das erste Internet-Café Deutschlands ansässig. Schon 1994, als drahtloses Internet noch nicht mal Zukunftsmusik war, konnten Gäste in der 1810 erbauten Dorfschenke gegen Gebühr im Netz surfen. Sie blieb erste Anlaufstelle für surflustige Friemersheimer, bis sie zehn Jahre später schloss. Zuvor war in den Räumen dank des findigen Betreibers bereits das kleinste Programmkino Deutschlands ansässig gewesen. Heute kann man hier nicht mehr einkehren, das Haus wird privat genutzt.

Die „Fein-Restauration Schumacher" war einst das Stammhaus der Rheingold-Brauerei.

Chorgründung in der Brauerei, Gesang aus dem Pastorat

Das prachtvolle Gasthaus, an dessen Fassade der schöne Schriftzug „Fein-Restauration Schumacher" prangt, steht zum Verkauf, nachdem das Restaurant die Pandemie nicht überdauert hat. Wenn sich hoffentlich ein Investor findet, wird sein traditionsreicher Biergarten wieder zu einem jener magischen Orte, wie sie an einem Sommertag vielleicht nur nahe des Rheinufers zu finden sind. Früher befand sich in dem 1827 fertiggestellten Bau das Stammhaus der Rheingold-Brauerei, 1854 gründeten sangesfreudige Friemersheimer in diesen Mauern den heute ältesten Chor Duisburgs. Wer an einem Dienstagnachmittag hier spazieren geht, hört den Gesang der Herren aus dem Pastorat der Dorfkirche klingen – wie zum Beweis dafür, dass das Dorf bei aller friedlichen Schönheit kein Museum, sondern sehr lebendig ist. Dennoch ist das ganze historische Friemersheim als Denkmal geschützt.

Lehrerhaus und Dorfkirche

Flankiert wird der Gasthof vom Lehrerhaus, das um das Jahr 1800 an der Stelle des älteren Vorgängerbaus errichtet wurde. Die einstige Dorfschule, in der der Lehrer früher auch wohnte, ist heute Sitz eines Heimatmuseums, der historischen Grafschafter Stuben. Hier können Besucher erfahren, wie Schulunterricht im 19. Jahrhundert ablief, als der langjährige Schulmeister Friedrich Wilhelm Guillaume der Dorfjugend Einmaleins und Rechtschreibung vermittelte. Er bewies langen Atem: Von 1861 bis 1903 überwachte er die elementare Bildung der Dorfbewohner. Das heutige Museum wird vom Freundeskreis Lebendige Grafschaft unterhalten. Die Grafschaft Moers bestand bis zur Wende zum 19. Jahrhundert und umfasste Teile von Moers, Krefeld und des heutigen Duisburgs; neben Friemersheim gehörten auch Baerl, Hochemmerich, Rumeln und Teile von Homburg dazu.

Klein und würdevoll: die Dorfkirche

Für die religiöse Unterweisung der Schüler war neben Lehrer Guillaume der Pastor der Dorfkirche gegenüber zuständig. Bis 1560 war das im Jahr 1147 erstmals erwähnte Kirchlein eine dem Heiligen Martin gewidmete Kapelle der mächtigen Abtei Werden in Essen-Werden. Mit der Reformation wurde und blieb es protestantisch. Im Lauf der Jahrhunderte gab es Rückschläge durch den Einsturz des Turms sowie durch Krieg, heute aber ist die kleine Barockkirche schön restauriert und ein beliebter Ort für Trauungen.

Dörfliches Idyll

Klatschmohn und Kornblumen

Nicht nur das historische Dorf, auch die Rheinauen stehen seit 1979 unter Schutz. Nach Süden erstreckt sich das Naturschutzgebiet bis an die Krefelder Stadtgrenze, im Norden reicht es bis zum ehemaligen Hafen des Kruppschen Hüttenwerks. Bei einer Länge von sechs Kilometern und maximal siebenhundert Metern Breite misst es heute nach einer Erweiterung 1991 insgesamt 262 Hektar – ideal für einen entspannten längeren Spaziergang durch intakte niederrheinische Landschaft, bei dem es unterwegs neben attraktiven Aussichten auch Interessantes zu sehen gibt. Das Gebiet wurde seinerzeit durch den Zukauf weiteren Lands von der Firma Krupp nicht nur vergrößert, sondern durch das Pflanzen von mehr als 50.000 Bäumen und Sträuchern auch ökologisch aufgewertet. An Feldrändern blühen im Sommer Wildblumen und locken so viele Insekten an, dass das Summen hier annähernd so laut ist wie die Schiffsmotoren auf dem Rhein.

Abenteuer & Oasen in Duisburg

Nahe am Wasser: Spazierweg in den Rheinauen

Obstwiesen, Hecken und Kopfweide

Obstwiesen, Kopfweiden, Büsche und Hecken prägen das Bild, wenn man zunächst dem Rheindeich und dann einem der Wege in Richtung Fluss folgt. Das ganze Areal ist Teil des natürlichen Überschwemmungsgebiets, in das der Rhein sich bei Hochwasser ausbreitet. Dann bekommt auch der eigentlich abgetrennte Flussarm „De Roos" wieder Anschluss an seinen Vater Rhein. Außerhalb von Hochwasserereignissen ist das Schutzgebiet dank gepflegter Rad- und Wanderwege ganzjährig zugänglich und dazu zu jeder Jahreszeit eine echte Augenweide.

Grüne Wiesen, funkelnde Eiszapfen und der Soundtrack des Rheins

Die üppig grüne, nach Gras duftende Landschaft des Sommers wandelt sich zur herbstlichen Farbenpracht, wenn Dunstschleier über den Wiesen liegen, die Luft nach Laub duftet und sich die Dämmerung früh senkt. Manche Bewohner des Niederrheins schwören, dass ihre Region zu dieser Jahreszeit den größten Zauber verströmt. Aber auch an kalten Wintertagen bieten sich faszinierende Bilder, wenn die Äste und Zweige der Bäume in Ufernähe Tausende funkelnder Eiszapfen tragen. Den Soundtrack dazu liefern die Rheinschiffer mit ihren Schleppkähnen, deren Motorentuckern Spaziergänge am Fluss akustisch untermalt. Der parallel zum Rhein verlaufende Weg öffnet immer neue Blicke auf den Rhein und in die Auenlandschaft.

Naturoase mit Industriepanorama

Eine relativ breite Bucht liegt dem rechtsrheinischen Kraftwerk genau gegenüber und bildet einen ebenso eindrucksvollen wie ortstypischen Kontrast zwischen Natur und Industrie. Wer hier eine Pause einlegt, kann den Blick nach rechts zu zwei Hochöfen, einem Walzwerk und bis zur Kokerei der Hüttenwerke Krupp-Mannes-

Aussicht auf Arbeit: Blick über den Rhein

mann schweifen lassen. Links sind die vielfarbigen, übereinander gestapelt Container des Logport zu sehen – als wollten Landschaft und Leben daran erinnern, dass auf den angenehm vertrödelten Sonntag in der Regel ein arbeitsreicher Montag folgt. Es ist ein schöner Ort, um die Picknickdecke auszubreiten, die Zehen in den Sand zu bohren und beim beruhigenden Brummen der Schiffsmotoren und einer angenehmen Brise vom Fluss in den Himmel zu träumen.

In der Nähe

Am Endpunkt der Seidenstraße

Container bis zum Horizont: Das Gelände des 1993 geschlossenen Kruppstahlwerks in Rheinhausen ist seit 1998 Sitz einer der modernsten Logistikstandorte in Europa, des Logport. Die Umwidmung ist Teil einer umfassenden Neustrukturierung des Duisburger Hafens als Logistikdrehscheibe. Seit 31. August 2012 ist Duisburg per Schiene mit dem gut 11.000 Kilometer entfernten Ballungsraum Chongqing in China verbunden. 50 Güterzüge fahren die Strecke jede Woche und brauchen (noch) zwischen zwölf und sechzehn Tagen. Das ist deutlich flotter als der Transport per Schiff und um ein Vielfaches preiswerter (und umweltschonender) als der Luftweg. An der Nachhaltigkeitsbilanz kratzt allerdings die Tatsache, dass die Güterzüge halb leer zurückfahren – noch ist die Handels- eine Einbahnstraße. Von hier aus geht es per Schiff über den Rhein oder per LKW ans Ziel der Ladung. Container in allen Farben, mit Kamelen dekoriert oder chinesischen Buchstaben beschriftet, machen die neue Seidenstraße hier sicht- und fassbar. Von den Rheinauen sind die Terminals des Logport zu Fuß oder per Rad schnell zu erreichen. Während der Woche macht starker LKW-Verkehr die Fortbewegung allerdings zum mäßigen Vergnügen.

Umladen von Containern auf Schiff, Straße und Schiene im Duisburger Logport-Hafen

Abenteuer & Oasen in Duisburg

Der achteckige Turm war im Mittelalter Teil eines Jagdschlösschens.

Ein Türmchen aus dem Mittelalter

Historische Bausubstanz ist nicht nur im Dorf Friemersheim, sondern auch im Naturschutzgebiet zu finden. Zwischen hohen Bäumen erhebt sich ein Backsteinbau mit ansehnlichem achteckigem Türmchen. Der Werthschenhof hat seinen Ursprung im Mittelalter. Graf Vincenz von Moers erbaute den Turm 1487 nebst drei weiteren (die die Zeit nicht überdauerten) als Teil eines Schlösschens für Jagdzwecke. Nach knapp hundert Jahren ließ Graf Adolph von Moers es lieber in Brand setzen, als es dem Feind zu überlassen – wofür ihn heute mancher gerne zur Rechenschaft ziehen würde. Nur der südöstliche Turm blieb erhalten. Das auf einer Rheininsel gelegene Anwesen hatte bereits eine Burg ersetzt, die hier um das Jahr 1200 entstand. Nach zahlreichen Besitzerwechseln war der Hof während des 20. Jahrhunderts überwiegend im Besitz der Firma Krupp, bis die Stadt 1991 die Friemersheimer Rheinauen und den Hof erwarb und unter Schutz stellten. Heute ist der Werthschenhof ein landwirtschaftlicher Betrieb mit Haflingerzucht, dessen übrige Gebäude Anfang und Mitte des 20. Jahrhunderts ohne Stilbrüche erbaut wurden. Bei Hochwasser kam der Rhein schon bis zur Tür.

Gastronomie:

Stellwerkhof
Restaurant (Steaks, Schnitzel, Pasta, Pfannkuchen) mit schönem Biergarten im alten Stellwerk am Kruppsee nahe Dorf Friemersheim.
Am Stellwerk 33,
www.stellwerkhof.com

Merion
Steaks, Grillteller, Fisch, Pasta in angenehmem Ambiente. Auch Tische im Freien.
Bachstraße 34,
www.restaurant-merion.de.

Schroeders Tafelfreuden
Vier Kilometer von der Dorfkirche entfernt gibt es hier zum Themen-Buffet traumhaften Blick auf den Toeppersee.
Borgschenweg 11 a.
www.schroeders-tafelfreuden.de

Himmlische Halde

Der Zauberberg ruft:
Aufstieg auf die Skulptur
Tiger and Turtle

9 | Himmlische Halde

Haldenwanderungen sind die Gipfelstürme des Ruhrgebiets – und die Heinrich-Hildebrand-Höhe im Duisburger Süden bietet dazu die vielleicht schönste Szenerie. Auf dem Gelände einer stillgelegten Zinnhütte ist nicht nur ein Naherholungsgebiet entstanden, sondern mit der Skulptur „Tiger & Turtle – Magic Mountain" auch die einzige begehbare Achterbahn der Welt. Für Adrenalin sorgt hier nicht das Tempo, sondern die Aussicht.

Die Riesenkrake streckt ihre Arme in den Himmel. Auf ihrem Hügel liegt sie und ist schon aus einiger Entfernung zu erkennen. Kommt man ihr näher, versteckt sie sich. 1,6 Kilometer lang ist der Weg vom Parkstreifen gegenüber der Hüttenwerke Krupp-Mannesheim in Angerhausen über den Weg im Angerpfad. Spiralförmig windet er sich die nach einem Heimatforscher benannte Heinrich Hildebrand-Höhe hinauf. Schließlich erscheint die vermeintliche Krake auf der Hügelkuppe und sieht nun aus wie eine Achterbahn samt Looping. Allerdings kommt sie ohne Wagen, Schienen und Schreckensschreie aus. Stattdessen führen Stufen das Gebilde hinauf; 349 sind es insgesamt. Vor dem Looping enden sie aus offensichtlichen Gründen.

Anreise Pkw/Parkplatz: über Ehinger Straße oder Kaiserswerther Straße, Parkstreifen an der Ehinger Straße

Anreise mit ÖPNV: Straßenbahn 903 bis Haltestelle „Tiger and Turtle"

Besonderheiten: Grandiose Blicke von Düsseldorf bis Oberhausen; Spazier- und Radwege; freier Eintritt

Abenteuer & Oasen in Duisburg

Von der Deponie zur grünen Lunge

Wer den Wegen des Landschaftsparks zur Skulptur „Tiger & Turtle – Magic Mountain" folgt, während Vögel in den Büschen toben und die Panoramen am Weg zwischen ernstzunehmender Industrie und Landschaft wechseln, kann sich nur darüber freuen, wie schnell Natur regenerieren kann. Denn als hier im Jahr 2005 die insolvent gewordene Zinkhütte Sundamin stillgelegt wurde, hinterließ sie schwere Umweltbelastungen. Doch man wusste sich zu helfen. Weil einer es tun musste, kaufte die Stadt das Land samt Altlasten und Deponie. Der größere Teil des Werksgeländes sollte zum Logistikstandort Logport II werden, auf dem übrigen Grund – das waren vor allem die ehemaligen Parkplätze sowie zugekauftes Land – ein Park mit Landschaftsbauwerk entstehen. An der rund 50 Millionen Euro teuren Sanierung und Renaturierung beteiligte sich neben der Stadt auch das Land Nordrhein-Westfalen.

Tiger and Turtle im Grünen

Rückkehr der Natur

Erd- und Abbruchmaterialien vom Gelände der benachbarten Metallhütte Berzelius wurden auf der ehemaligen Werksdeponie zur Halde aufgeschüttet, unter Kunststoffdichtungsbahnen, einem Drainagensystem und einer zwei Meter tiefen Schicht Erde getarnt und begrünt. Als Heinrich-Hildebrand-Höhe bildet die einstige Deponie seither das Herzstück des Angerparks, der mit mehr als 50.000 neu angepflanzten Büschen und Laubbäumen zu einer grünen Lunge wurde. 2008 wurde er den Bewohnern der Stadt übergeben. Mittlerweile hat sich die Vegetation etabliert, und das so gründlich, dass manche Aussichtsbank am Wegrand im Sommer nur noch Blicke in dichtes Laub öffnet.

Die einzige begehbare Achterbahn der Welt

Auf das Landschaftsbauwerk mussten die Duisburger allerdings noch drei Jahre warten. Als das Ruhrgebiet 2010 Kulturhauptstadt Europas war, wurde es in Auftrag gegeben, ein Jahr später war es fertig. Das Warten hatte sich gelohnt: Mit der Skulptur „Tiger & Turtle" der Künstler Heike Mutter und Ulrich Genth bekam die Stadt nicht nur ein neues Wahrzeichen, sondern auch ein weltweites Alleinstellungsmerkmal: Duisburg ist seither Standort der einzigen begehbaren Achterbahn der Welt. Erbaut wurde sie aus verzinktem Stahl und stellt so eine Verbindung zur historischen Nutzung des Geländes her. Eine gewichtige sogar, die Skulptur wiegt insgesamt neunzig Tonnen. Ihre Ausmaße – die Grundfläche beträgt 40 mal 41 Meter, ihre Gesamthöhe 20 Meter – machen sie zum weithin sichtbaren Denkmal für die von Schwerindustrie geprägte Vergangenheit, aber auch zum Symbol einer leichteren, spielerischen Gegenwart. Der Name „Tiger" spiegelt ihre optische Rasanz, die Schildkröte (Turtle) das gemächliche Stapfen der Besucher auf den Stufen. Auf abstrakter Ebene symbolisieren die beiden Namenselemente Dynamik und

So sehen es die Vögel:
Tiger and Turtle
von oben betrachtet

Abenteuer & Oasen in Duisburg

Stillstand – und repräsentieren so den Prozess des Strukturwandels, für viele ohnehin eine Achterbahn der Gefühle, zum Glück aber hier ohne gefährliches Looping.

Höher geht's (hier) nicht: eine der spektakulärsten Aussichten im Ruhrgebiet

Adrenalin-Kick durch Fernblick

Schon vom auf 48 Meter Meereshöhe gelegenen Plateau der Halde öffnen sich erstaunliche Ausblicke. Wer den höchsten begehbaren Punkt der Skulptur ersteigt, befindet sich dreizehn Meter über dem Boden und somit auf 80 Meter über Normalnull. Im flachen Ruhr-

9 | **Himmlische Halde**

gebiet darf man das zwar als nennenswerte Erhebung betrachten, aber da das Straßenniveau auf 32 Meter liegt, ist mit Höhenkrankheit nicht zu rechnen. Tatsächlich zählt die Heinrich-Hildebrand-Höhe zu den niedrigsten auf der Haldenkarte der Region. Weil die Treppenwege der Skulptur aber gerade mal einen Meter breit sind, ist nicht nur die Zahl der Besucher auf knapp 200 beschränkt (was durch Kamerazählung geprüft wird). Manchem bescheren die luftigen Gitterroste als Stufen auch in dieser überschaubaren Höhe und ohne Achterbahnwagen einen spürbaren Adrenalin-Kick. Die Aussicht auf Innenstadt, Rhein und den Düsseldorfer Fernsehturm in der Ferne entschädigt allerdings für mulmige Gefühle und bietet wirkungsvolle Ablenkung. Gleich zu Füßen der Halde fließt der Angerbach, es sind Reihenhäuser und Gärten zu sehen, aber auch die imposanten Hüttenwerke Krupp-Mannesmann. Der Magic Mountain und seine Panoramen sind eben auch ein besonders schönes Symbol für die Entschlossenheit, mit der die Stadt sich der Zukunft zugewandt hat, ohne dabei ihre Wurzeln zu kappen.

Am Abend erstrahlen Tiger und Schildkröte

Nur bei Sturm, Eis und sonstigen Unwettern ist die Skulptur geschlossen, ansonsten ist sie kostenlos zugänglich – seit dem Sommer 2012 sogar rund um die Uhr. Aufgrund ihres Einbahnstraßensystems und der mangelnden Ausweichfläche blieb sie während der Pandemie allerdings geschlossen. Unvergesslich ist der Aufstieg gegen Ende des Tages, wenn die Sonne im Westen sinkt. Ist sie hinterm Horizont

Am Abend funkelt die Skulptur.

Illuminiert bieten Tiger and Turtle einen fantastischen Anblick.

verschwunden, werden Tiger & Turtle von 880 in die Handläufe eingelassenen LED-Leuchten so wirkungsvoll illuminiert, wie sich das für ein Wahrzeichen der Stadt gehört.

Haldenwanderungen mit Kunst und Aussicht

Von den 250 Halden im Ruhrgebiet sind mittlerweile einige Dutzend durch Kunstinstallationen oder Aussichtsplattformen aufgewertet worden. In Duisburg zählen neben der Heinrich-Hildebrand-Höhe etwa der Alsumer Berg, der Wolfsberg in der Sechs-Seen-Platte und die Rockelsberghalde dazu. Die ehemaligen Abraumlager werden heute als Gipfel des Ruhrgebiets liebevoll gepflegt und sind Teile beliebter Rad- und Wanderstrecken. Wer sich von der Skulptur wieder losreißt, ist mit dem Angerpark indes längst nicht fertig. Immerhin sind noch einige Kilometer Wanderwege zu erkunden.

Blick vom Alsumer Berg in der Abenddämmerung auf die Kokerei Schwelgern

Zur Mündung des Angerbachs in den Rhein

Einer der Wege führt am Angerbach entlang, der eigentlich schon ein Flüsschen ist, das nicht weit von hier in den Rhein mündet. Die Mündung in den großen Fluss wurde im Rahmen der Neugestaltung wieder zugänglich gemacht. Über eineinhalb Kilometer folgt der idyllische, gepflegte und gut ausgebaute Weg dem Angerbach, bis er am Rheinportal Angermund und der Mündung des Flüsschens endet. Eine moderne Aussichtsplattform führt hier ein Stück auf den Fluss und bietet die Gelegenheit eindrucksvoller, aber gefahrloser Blicke auf den Fluss, die Rheinwiesen und die umliegenden Industrieanlagen. Auch der Schiffsverkehr und das Be- und Entladen von Containern lassen sich hier gut beobachten. Allerdings führt von hier aus kein weiterer Weg am Rhein entlang; Spaziergänger müssen umdrehen.

Flüstern der Vergangenheit

Auf der anderen Seite des Angerbachs liegt mit Haus Angerort der Nachfolgebau einer Wasserburg aus dem 15. Jahrhundert unmittelbar am Rheinufer. Wie sie aussah, hat Gerhard Mercators Sohn Arnold 1571 für die Nachwelt festgehalten. Nach Zerstörung durch Plünderung und Krieg wurde sie wieder aufgebaut und befestigt, erlitt jedoch Schäden durch Hochwasser und Eis. Das erhaltene, als Bau- und als Bodendenkmal geschützte Haus Angerort befindet sich auf dem Gelände der Hüttenwerke Krupp Mannesmann. Die Befestigungen der Burg haben nicht überdauert, die Burggräben wurden zugeschüttet, im

Skizze auf der Hinweistafel

20. Jahrhundert dazu noch die barocken Seitenflügel abgerissen. Haus Angerort ist kein imposanter historischer Bau und als kulturgeschichtliches Zeugnis kaum erkennbar. Heute ist es eher ein Flüstern der Vergangenheit. Zu sehen ist es von der Aussichtsplattform über dem Rhein.

In der Nähe

Aue des Alten Angerbaches

Aue des Alten Angerbaches am Altenbrucher Damm

Wer noch mehr spazieren gehen möchte, ist hier richtig. Dreieinhalb Kilometer von der Heinrich-Hildebrand-Höhe entfernt liegt zwischen dem Golfplatz Golf & More und einer Kleingartenanlage ein kleines Landschaftsschutzgebiet. Hier fügen sich alter Baumbestand, Teiche und der Bach zu idyllischer Landschaft. Dies wäre nicht das gut angebundene Duisburg, verliefe nicht auch ein Stück Autobahn gleich nebenan (die A59). Dennoch ein wunderschönes Stück niederrheinischer Landschaft. Zugang vom Altenbrucher Damm.

Doppelte Dosis: Feuerwerk und abendliche Beleuchtung

Gastronomie:

Ristorante Romeo Am Tiger & Turtle
Über die Plätze des Duisburger Tennisclubs Süd schaut man auf Tiger & Turtle. Gute italienische Küche.
Hermann-Rinne-Str. 6,
restaurant-pizzeria-romeo.eatbu.com.

Biergarten Biegerpark
Etwas weiter entfernt (20 Gehminuten) liegt der angenehme Biergarten mit benachbartem Spielplatz.
Angertaler Str. 99,
www.biergarten-biegerpark.de
Mo. geschl.

Pizzeria Mamma Mia
15 Gehminuten vom Zauberberg gibt es gute, preiswerte Pizzen und leckere Pasta.
Ehinger Str. 65,
pizzeria-mamma-mia-since-2020-pizza-und-pasta.business.site
Di. geschl.

Der größte Binnenhafen Europas lässt sich naturgemäß am besten vom Wasser aus erkunden – bei einer klassischen Rundfahrt oder einer mehrstündigen Tour, die auch weniger bekannte Werkshäfen umfasst. In Innen- und Außenhafen, auf dem Rhein, an der Ruhrmündung und in Hafen- und Vinckekanal breitet sich ein spannendes Panorama des ebenso traditionsreichen wie vitalen Hafens aus. Globalisierung ist hier sicht- und fassbar.

Ein junges Paar aus Köln, zwei ältere Paare, ein Herr mit Profi-Kamera, zwei Freundinnen aus Duisburg, von denen eine der anderen die Hafenrundfahrt zum Geburtstag schenkte. Dann die drei Damen um die sechzig in Jeans, Sportschuhen und Funktionsjacken, die ihre Terminkalender vergleichen, um schon den nächsten Ausflug zu planen, der zwischen verschiedene Trips nach Norderney, Hamburg und Kleve passen muss. Eine Unternehmung jagt die nächste, herrlich! Heute also Duisburg. Neulich die Hafenrundfahrt in Bremerhaven war auch sehr schön, erklärt eine der Damen; der größte Binnenhafen Europas ist aber noch einmal etwas anderes. Für einen Mittwochmittag außerhalb der Schulferien ist das Aussichtsdeck der MS Stadt Duisburg gut besetzt. Die Stimmung ist heiter, anders kann es nicht sein, wenn Schiffsmotoren dröhnen, der Himmel klar und die Brise angenehm ist.

Anreise Pkw / Parkplatz: Parkhaus City, Unterstraße 19–21

Anreise mit ÖPNV: Straßenbahn 901 bis Rathaus

Besonderheiten: Schiffe (fast) aller Größen, Industriegeschichte und Logistik-Superlative

Abenteuer & Oasen in Duisburg

Die Schwanentorbrücke im Innenhafen

Ein Sperrtor schützt die City vor Überflutung

Los geht es am Ableger des schon im Corputius-Stadtplan aus dem 16. Jahrhundert eingezeichneten Schwanentors. Der Innenhafen ist ein populärer, aber nicht der einzige Startpunkt für Hafenrundfahrten; auch vom Ableger unterhalb der Schifferbörse in Ruhrort geht es auf große Hafentour. Manches lässt sich auch zu Fuß vom Ufer aus erkunden, doch der Blick vom Wasser rückt den Hafen ins beste Licht. Der Kapitän wendet das Schiff vor dem Landesarchiv und verlässt den Innenhafen, in dem nur Sport- und Passagierboote fahren dürfen, in Richtung Rhein. Getränkebestellungen werden aufgenommen, von der Brücke ergießt sich zum Kaffee ein Strom von Informationen. Die „Stadt Duisburg" passiert das mächtige Sperrtor an der

Marientorbrücke. Ab einem Wasserstand von 8,60 Meter wird es geschlossen, um eine Überflutung der Innenstadt zu verhindern. Schon beginnt der Außenhafen. Hier ist eine aktive Sprayer-Szene tätig, wie Kaimauern, aber auch einige leerstehende Gebäude beweisen, die der Strukturwandel noch nicht erreicht hat.

Leo stemmt mühelos 300 Tonnen

An der Backbordseite erscheint die erste Werft, und mit ihr eine neue Vokabel: Sie besitzt zwei Schwimm-Docks, die sich fluten und absenken lassen, damit ein zu reparierendes Schiff auf sie gelenkt werden kann. An Bord der Duisburg wird Latte Macchiato serviert, während sich an Steuerbord neue Lagerhallen und marode Gebäude abwechseln. Mit dem Heavylift Terminal erhebt sich dann an echtes Schwergewicht: 125 Tonnen können die Sperrgutkräne heben, um besonders

Brückenblick von unten: Die Fahrt auf dem Rhein macht es möglich.

Europas größter Binnenhafen aus der Vogelperspektive

Abenteuer & Oasen in Duisburg

große und sperrige Maschinen auf Schiffe zu verladen. Einer dieser Kräne, dank seiner Löwenkräfte liebevoll „Leo" genannt, nimmt es sogar mit 300 Tonnen auf, hat zum Glück aber gerade Besseres zu tun, als die „Stadt Duisburg" aus dem Hafenbecken zu ziehen.

An Backbord zeugt eine Kupferhütte, deren Arbeitsplatzvolumen sich von einst 3000 Jobs auf 300 reduziert hat, von den harschen Realitäten in der Schwerindustrie. An der anderen Seite werden Stahlprodukte auf Schiffe verfrachtet, und eine Trockenlagerhalle, in der zwei Schiffe gleichzeitig be- und entladen werden können, beweist, dass hier noch immer einiges los ist.

Unübersehbar und längst ein Wahrzeichen: die Skulptur Rheinorange

An Rheinkilometer 777 windet es auf

Die „Stadt Duisburg" erreicht den Fluss an Rheinkilometer 777. Sofort flattern Haare heftig im Wind, die Temperatur sinkt. Hastig werden Reißverschlüsse hochgezogen und Kapuzen festgezurrt. Drei Kilometer geht es den Rhein stromabwärts nach Ruhrort; auf Talfahrt legt die MS Stadt Duisburg flotte zwanzig Stundenkilometer vor. Von der Brücke rieseln Zahlen und Fakten: In Konstanz liegt Rheinkilometer 0, bei der Mündung hinter Rotterdam Kilometer 1060; das Rheingefälle dazwischen beträgt vierhundert Meter. Und natürlich ist die Idee, in diesem Strom zu baden oder auch nur in ihm zu waten, äußerst unklug.

In die Rheinwiesen an Steuerbord kann sich der Fluss bei Hochwasser ausbreiten; bei normalen Wasserständen wie jetzt sind sie angenehme Spazierstrecken. Ansehnliche Altbauten und schicke Apartmenthäuser mit Flussblick wechseln sich mit Industriepanoramen ab; einer Chemiefabrik, die Farben und Autolacke herstellt, folgt die still gelegte Getreidemühle Homberg. An der Backbordseite liegen die Attraktionen aufgereiht: Rheinorange, Ruhrmündung und schließlich das Echo des Poseidon auf der Mercatorinsel. Hier wendet der Kapitän die Stadt Duisburg und steuert zunächst in den Hafenkanal.

Gepresste Blechwürfel und Flussschiffe im Winterschlaf

Hier sieht es ernsthaft nach Industriehafen aus: ein Liegeplatz für Tanker, die Mineralöl und Gas transportieren; eine Mercedes-Logistikhalle, dann die beiden ältesten der insgesamt achtzig Krananlagen im Duisburger Hafen. 1951 und 1956 wurden sie gebaut und arbeiten noch immer zuverlässig. Ordentlich gepresste Blechwürfel aus Wolfsburg mit einem Gewicht von bis zu zwei Tonnen sind als Autos nicht mehr zu identifizieren. Von ihrem Lagerplatz am Hafenkanal führt ihr Weg in den Hochofen, wo sie wieder zu Stahl verarbeitet werden. Vom Hafenbecken A aus werden Raffinerien überall in Nordrhein-Westfalen beliefert. Gegenüber liegt eine Flotte eleganter Flussschiffe aufgereiht, die noch nicht wieder aus ihrer durch die Pandemie bedingten Ruhe geweckt wurden. Normalerweise gehört der Rhein zu den beliebtesten Wasserstraßen in Europa; jetzt haben die Schiffe mit den großen Panoramafenstern einen langen, stillen Winter an diversen Hafenrändern hinter sich.

Container statt Kohle

An den Ufern des Hafenkanals breiten sich Geschichte und Gegenwart des Reviers wie auf einem Panoramabild aus. Auf der Kohleinsel wurde bis vor nicht allzu langer Zeit Steinkohle umgeladen, jetzt entsteht hier ein weiteres Container-Terminal – ein Symbol für den Wandel des Hafens, der seine erste Hoch-Zeit dem Kohlehandel verdankte und in dem heute die unterschiedlichsten Güter von Mineralöl bis zu Nahrungsmitteln umgeschlagen werden. Weil Duisburg auch einen Zoll-Freihafen besitzt, können Waren hier ohne Zollbeschränkungen ein-, aus- und umgeladen werden. Beim Hafenbecken B lagert auf dem größten Lagerplatz seiner Art in Europa Schrott auf der gleichnamigen Insel, bevor er gereinigt, zerkleinert und per Schiff, Bahn oder Lkw weitertransportiert wird. An der Backbordseite befindet sich die Ruhrorter Werft, vor der Duisburg taucht die Schleuse Duisburg-Meiderich auf, hinter der der Rhein-Herne-Kanal beginnt. Vorher aber wendet das Schiff, es geht zurück auf den Rhein und unter der Friedrich-Ebert-Brücke hindurch zum Herzstück des Hafens in Ruhrort.

Container bis zum Horizont

Reederflaggen am Pegel Ruhrort

An der Einfahrt in den Vinckekanal hat jede hier ansässige Reederei zur Begrüßung ankommender Schiffe ihre Flagge an einem an Land positionierten Schiffsmast gehisst. Und nahe der beiden Brückentürme der alten Friedrich-Ebert-Brücke gibt der Hochsitz mit der Anzeige des Duisburg-Ruhrorter Pegels am Hafenmund eine wichtige Berechnungshilfe für das Entladen von Fracht, aber auch für das Passieren von Brücken. Ihre Rangierhöhe ist mit dem Wert angegeben, auf den Captain oder Crew den aktuellen Pegel aufschlagen müssen. Seit 1954 steht der Ruhrorter Pegel an seinem heutigen Platz, gemessen wird in Ruhrort bereits seit 1815 – damals allerdings noch in rheinländischem Fuß.

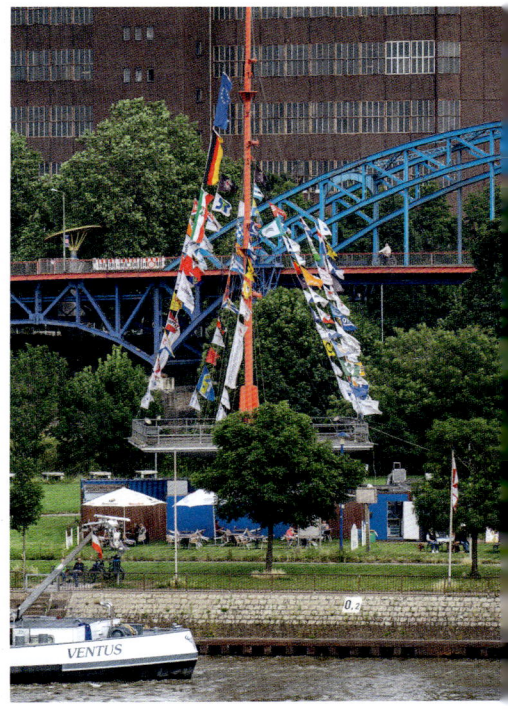

Reederei-Flaggen begrüßen die ankommenden Schiffe.

Tipp

Vergessene Häfen

Diverse Schiffe sind im Hafengebiet unterwegs; im Innenhafen geht die klassische Rundfahrt am Steiger Schwanentor (Calaisplatz 3) und dauert zwei Stunden (hafenrundfahrt.nrw). Ab Ruhrort kann man auch die dreieinhalbstündige Fahrt „Vergessene Häfen" buchen, die entweder in Richtung Huckingen oder Walsum auch Werks- und andere Häfen passiert. Näheres: www.hafenrundfahrt-duisburg.de

Das älteste Hafenbecken steht unter Denkmalschutz

Links erstreckt sich die Flaniermeile Ruhrorts, hier liegen das Museumsschiff Oskar Huber, das als letzter Radschleppdampfer auf dem Rhein unterwegs war, und die ehrwürdige Schifferbörse. Rechts sehen die Passagiere den Kopf Poseidons von hinten. Mit dem Liegeplatz der Wasserschutzpolizei und dem Büro des Duisburger Hafenmeisters ist der Vinckekanal auch das administrative Zentrum des Hafens. Ein Feuerlöschboot ankert hier, ein Stück weiter liegt der ehemalige Seenotkreuzer Fritz Behrens aus Büsum, der hier seinen Ruhestand genießt. An der Backbordseite erscheint das älteste Hafenbecken, dessen Ursprünge ins 17. Jahrhundert reichen. Heute wird es als Denkmal geschützt und erinnert mit seinen grünen Böschungen eher an ein Naherholungsgebiet als an einen Industriehafen.

Verpackt wird alles bis zum Hochofen

Von der langen maritimen Tradition zeugt im Vinckekanal der größte Schiffsausstatter der Stadt, vom Schwerpunktwechsel die Bauten der Duisburg Packing Logistics, die buchstäblich alles einpacken – unlängst einen vollständigen Hochofen, der nach China transportiert und dort wieder aufgebaut wurde. Und obwohl der Hafen ein Binnenhafen ist, können hier auch Seeschiffe be- und entladen werden – keine Ozeanriesen, aber kleinere Vertreter ihrer Art. Von hier

Tipp
Onkel Stereo
Originelle Duisburg-Souvenirs, Schallplatten und Bücher. Wallstr. 6, www.onkelstereo.de.

aus nimmt die „Stadt Duisburg" wieder Kurs auf den Rhein und dann auf den Innenhafen. Die Passagiere bestellen Brötchen und Kuchen, betrachten die Hafenwelten in hellem Sonnenschein und genießen es, sich auf dem Rhein vom Wind durchpusten zu lassen.

In der Nähe

Vom Hafen ins Lehmbruck-Museum

Wegen seiner einzigartigen Sammlung von Skulpturen der Moderne ist das Museum international bekannt. Die Skulptur „Die Kniende" des Duisburger Bildhauers Wilhelm Lehmbruck (1881-1919), die die Nazis als „entartet" schmähten, gehört zu den Glanzpunkten des Hauses, das einer der drei Söhne Lehmbrucks entwarf. Neben seinem Lebenswerk zählen Werke von Joseph Beuys, Max Ernst, Käthe Kollwitz und Salvador Falí zur Sammlung, die auf 5000 Quadratmeter Ausstellungsfläche und im Park präsentiert wird. Friedrich-Wilhelm-Str. 40, lehmbruckmuseum.de.

Gastronomie

Enoteca La Trattoria
Pasta, Fisch- und Fleischgerichte von einer kleinen Tageskarte.
Friedrich-Wilhelm-Platz 2,
www.enoteca-la-trattoria.de
So. geschl.

11 | Fliegen im Mondschein, Flanieren am Kanal

Der Sportpark in Neudorf-Süd gehört Profis, Freizeitsportlern und allen, die gerne draußen sind. Er ist Austragungsort internationaler Wettbewerbe und Sitz von Leistungszentren, mit Wasserspielplatz, Joggingpfaden, Fitnessweg und Adrenalin-Tankstellen wie Hochseilgarten und Speedskating-Bahn aber auch eine Freizeitoase für jede Altersgruppe. Viele Sportstätten sind sogar rund um die Uhr geöffnet.

Tief durchatmen. Einen vorsichtigen Blick nach unten richten. Himmel, ist das tief. Schnell nach vorne schauen, aufs Ziel. Die soliden Drahtseile über dem Abgrund, an denen wir hängen, das Geschirr, in dem man uns befestigt hat, und der Helm auf dem Kopf flößen zusammen genug Vertrauen ein, um beherzt den Schritt ins Nichts zu machen. Die belastbaren, aber ganz und gar wackeligen Netze, durch die wir uns in luftiger Höhe über Wasser kämpfen, die durch Seile verbundenen Stämme, an denen wir uns von Wipfel zu Wipfel vorarbeiten – das alles würde leicht die Adrenalinversorgung einer Großfamilie für die ganze Woche sichern.

Anreise Pkw/Parkplatz: A59 bis Ausfahrt Duisburg-Wanheimerort. Parkplätze, z.B. an der MSV-Arena und Friedrich-Alfred-Allee.

Anreise mit ÖPNV: Bus 934, 944, 945 bis Stadion, 930 und 931 bis Sportschule Wedau

Besonderheiten: Wassersport, Hochseilgarten, Strandbad Wedau

Landung in Sicht: Der Flug übers Wasser endet gut gepolstert. Paddler schauen zu.

Nur Fliegen ist schöner

Dann kommt die 250 Meter lange Seilrutsche. Also noch einmal Atem holen und los: ins Leere. Was zunächst mild furchterregend wirkte, schlägt sofort in Euphorie um. Es ist ein bisschen wie einst auf dem Kettenkarussell. Nur höher. Und weiter. Unter Freudengeheul fliegen wir über den 2008 angelegten Parallelkanal. Langsam verliert das Seil an Höhe, so dass kurz vorm Ziel das Tempo moderat ist. Reicht der Schwung nicht ganz bis ins Ziel, muss man sich mit den (behandschuhten) Händen auf die gepolsterte Landeplattform ziehen.

Die Tour durch den Hochseilgarten ist auch für Kinder ein Riesenspaß.

Von Baumkrone zu Baumkrone

Keine Frage: Festen Boden hinter sich zu lassen und den Standpunkt in die Höhe zu verlegen, ist ein Erlebnis, das man nicht schnell vergisst. Und weil außergewöhnliche Erlebnisse zusammenschweißen, sind Aktivitäten wie Ziplining und Klettern im Hochseilgarten auch bei Firmen beliebt – zum Teambuilding. Denn oft muss man sich absprechen, wer wo den nächsten Schritt macht, und sich auf jeden in der Gruppe verlassen können. Das funktioniert auch unter Freunden und innerhalb der Familie. Wer gemeinsam milde Höhenangst und wohligen Schwindel überwindet, geht mit mehr Selbstvertrauen und gestärktem Zusammengehörigkeitsgefühl aus der Erfahrung hervor – und hat dazu noch eine Menge Spaß gehabt. Auch für Fußgänger unten gibt es heitere Momente, wenn sie auf dem „Weg der Bewegung" Seilgärtner in scheinbar hoffnungslosen Situationen sehen, nachdem sie von einem Seil gerutscht sind, auf dem sie balancierend den nächsten Baum erreichen sollen.

Tipp

Baumkronen-Tour bei Mondschein

Im Hochseilgarten Tree2Tree hat man die Wahl unter 18 Parcours unterschiedlicher Schwierigkeitsgrade und Längen. Auch für Kinder (ab fünf Jahren oder einer Körpergröße von 1,10 Metern) gibt es einen speziellen Parcours. Ein besonderes Erlebnis ist das Nachtklettern im Mondschein, für das man sich ab 19.45 Uhr im Hochseilgarten einfindet. Vor dem Weg in die Wipfel erhält jeder ein Sicherheitsbriefing. Näheres: www.tree2tree.de

Freizeitoase für eine Stadt, die niemals schläft

Mit sechzig Hektar Wasserfläche und einer Größe von insgesamt 200 Hektar zählt der Sportpark zu den größten in Deutschland. Fünf Mal fanden hier seit 1979 die Kanu-Weltmeisterschaften statt, zweimal Ruder-Weltmeisterschaften, 2005 außerdem mehrere Wassersportwettbewerbe der World Games. Als Heimat von 30 Sportvereinen,

11 | Fliegen im Mondschein, Flanieren am Kanal

Training auf dem Regattakanal

mit einem Angebot von mehr als 40 Sportarten, drei Seen und einem Strandbad ist der Sportpark alles außer langweilig. Ob Fußball, Tennis, Eishockey, Rudern, Kanufahren, Wasserski oder Wakeboard auf dem Margaretensee – es gibt (fast) nichts, was es hier nicht gibt. Seine Jogging- und Spazierwege und viele der Sportanlagen sind jederzeit und unbeschränkt zugänglich, so dass der Park – wie auch Hochofen fünf im immer geöffneten Landschaftspark Nord – die Vermutung nahelegt, dass Duisburg eine Stadt ist, die niemals schläft. Die Wege am Wasser werden bei Dämmerung und Dunkelheit von Laternen erhellt, so dass auch eine Joggingrunde an Tagesrandzeiten möglich ist. Viele der Laternen wurden von Paten gesponsert, die einen dauerhaften Beitrag zur Attraktivität und Sicherheit ihres Lieblingsstücks Duisburg leisten wollen.

Drei Seen, der Regatta- und der Parallelkanal sowie jede Menge Grün machen den Sportpark einzigartig.

Wasser, Wald, Wiesen: der perfekte Ort für eine Auszeit vom Alltag

Margareten-, Berta- und Barbarasee

Wie der Landschaftspark hat auch diese Freizeitoase ihre Ursprünge in der Industrie. Allerdings diente dieses Stück Land eher als Deponie denn als Produktionsstätte; die Firma Krupp verfüllte hier Schlacke. Durch das damit verbundene Auskiesen entstanden drei Seen, die zusammen mit der Regattabahn und dem Parallelkanal die heutige Wasserwelt bilden. Ihre Namen entstammen wie die der umliegenden Straßen dem innersten Kreis der Stahl-Dynastie: Margarethe hieß die Gattin Friedrich Alfred Krupps (1854–1902), des Chefs der Essener Gussstahlfabrik in dritter Generation; Bertha und Barbara waren seine Töchter. Seine nach ihrer Großmutter benannte Alleinerbin Bertha, die nach ihrer Heirat den bei Unterschriften etwas erschöpfenden Nachnamen Krupp von Bohlen und Halbach trug, lieh ihren Vornamen auch dem von ihrem Vater gegründeten Krupp-Werkskrankenhaus in Rheinhausen – was vielleicht für den Verlust des „h" sowohl in ihrem Vornamen als auch in dem ihrer Mutter und ihrem eigenen bei der Benennung der Seen in Duisburg-Mitte entschädigte. Und auch der Patriarch ist hier kurz, knapp und ohne Krupp mit der Friedrich-Alfred-Allee verewigt – eine weitere Ehrung des Magnaten neben der Friedrich-Alfred-Straße in Rheinhausen.

Sport statt Schlacke

Friedrich Alfred wurde Ende November 1902 mit allen Ehren – den Skandal um nie erwiesene Ausschweifungen auf Capri, der kurz vor seinem Tod hochgekocht war, erwähnte niemand mehr – und im Beisein Kaiser Wilhelms II. auf dem Friedhof am Kettwiger Tor beigesetzt; heute befindet sich die Grabstätte der Dynastie auf dem Friedhof in Essen-Bredeney. 1919 überließ die Firma Krupp das Gebiet mit den drei Seen der Stadt Duisburg, die hier ein Erholungs- und Sportgebiet für die Bevölkerung anlegen sollte. So geschah es – ein frühes Beispiel dafür, wie im Revier industriell genutzte Fläche in Erlebnisorte verwandelt werden. Die Anlage, die bis 2008 Sportpark Wedau hieß, wurde im Lauf der Zeit immer weiter ausgebaut. Schon 1921 entstand das Stadion, das damals 40.000 Zuschauern Platz bot und somit eines der größten im Land war. Seither ist die Spielstätte des MSV Duisburg mehrmals umgebaut und von 2003 bis 2005 sogar neugebaut worden; trotzdem steht mit der Sanierung des Dachs bereits das nächste Projekt außerhalb des Spielbetriebs an.

Wildblumenufer und Wellnessweg

Für die letzte große Erweiterung um den – wie sein Name andeutet – parallel zur Regattastrecke verlaufenden Parallelkanal, den Wasserspielplatz mit Strand, Staumauer und Floß am Bertasee sowie den Klettergarten Anfang des neuen Jahrtausends wurden sechsein-

Abenteuer & Oasen in Duisburg

Joggen bei Tag und Nacht – die Beleuchtung macht es möglich

halb Hektar dieses Stücks alten Duisburger Walds gerodet. Für jeden gefällten Baum wurden vier neue gepflanzt, so dass mittelfristig auch die Natur profitieren soll. Die Ufer sind zum Teil renaturiert; in Buchten watscheln Enten, in mancher sitzt ein Angler unterm Sonnendach, im Sommer sind die Böschungen mit Wildblumen übersät. Den neuen Kanal überspannen mehrere Brücken, so dass auch Stammflaneure und Dauerläufer ihre Route variieren können. Der Bewegungsweg mit Wellness-Schwerpunkt beweist mit Rückenmassagegerät und Rückentrainer, dass noch immer die Erholung der Bevölkerung im Mittelpunkt steht. Die hat heute allerdings deutlich mehr Möglichkeiten, als nur am See in der Sonne zu liegen und Sauerstoff in die Lungen zu saugen. Wer Wissens- und Wellnesspfad absolviert hat, kann um den Bertasee laufen, im Sonnenschein der Regattabahn folgen oder an der Waldseite des Parallelkanals im Schatten spazieren oder sich gegenüber vom Wasserspielplatz für zehn Euro ein Kanu mieten. Es ist schön, sich die Landschaft vom Wasser aus anzuschauen, Schwäne und Nilgänse zu beobachten und die Stille zu genießen. Im Sommer bietet die Kanustation außerdem Aktionstage an, bei denen man Nützliches lernen kann: wie man ein Floß baut oder im Freien überlebt. Wer weiß, wozu es gut ist.

In der Nähe

Eisenbahner-Siedlung Wedau

Vor und während des Ersten Weltkriegs entstand in Wedau eine Siedlung für die Beschäftigten der Eisenbahn – damals noch die preußische – und des Bahnhofs in Wedau. Wie die Margarethenhöhe in Essen folgte die Siedlung Prinzipien der englischen Gartenstadt-Idee. Ihre Häuser stehen versetzt und in Gruppen, sind durch Anbauten miteinander verbunden und haben Höfe und Gärten zur Selbstversorgung der Bewohner. Durch unterschiedliche Dachformen, Erker und Gauben wirken sie wie die natürlich gewachsene Bebauung eines Dorfs. Dazu tragen auch die prachtvollen Laubbäume bei. Viele der Häuser sind umfangreich restauriert und wahre Augenweiden. Die Grundschule unterstreicht mit Backsteinbauten und großem, von alten Bäumen bewachten Schulhof den freundlichen Charakter der Siedlung, die seit 1999 unter Denkmalschutz steht. Ein lohnender Abstecher sowohl vom Sportpark als auch vom Masurensee der Sechs-Seen-Platte.

Gastronomie:

Bolders Brutzelei – Wambach Grill
Die womöglich beste Currywurst der Stadt macht die Gegend trotz aller Sportmöglichkeiten ungeeignet für den Beginn einer Diät.
Kalkweg 179E,
So geschlossen.

Mezzomar Seehaus an der Wedau
Vom Frühstück bis zum Abendessen begleitet der Blick auf den Bertasee die italienisch geprägte Küche. Schöne Terrasse.
Berta-Allee 7,
www.mezzomar.de
Täglich geöffnet

Restaurant am Bertasee
Zur attraktiven Aussicht auf den Bertasee gibt es Burger, Tapas und Fleisch vom Grill.
Terrasse.
Kruppstraße 26a,
restaurant-am-berta-see.eatbu.com
Täglich geöffnet

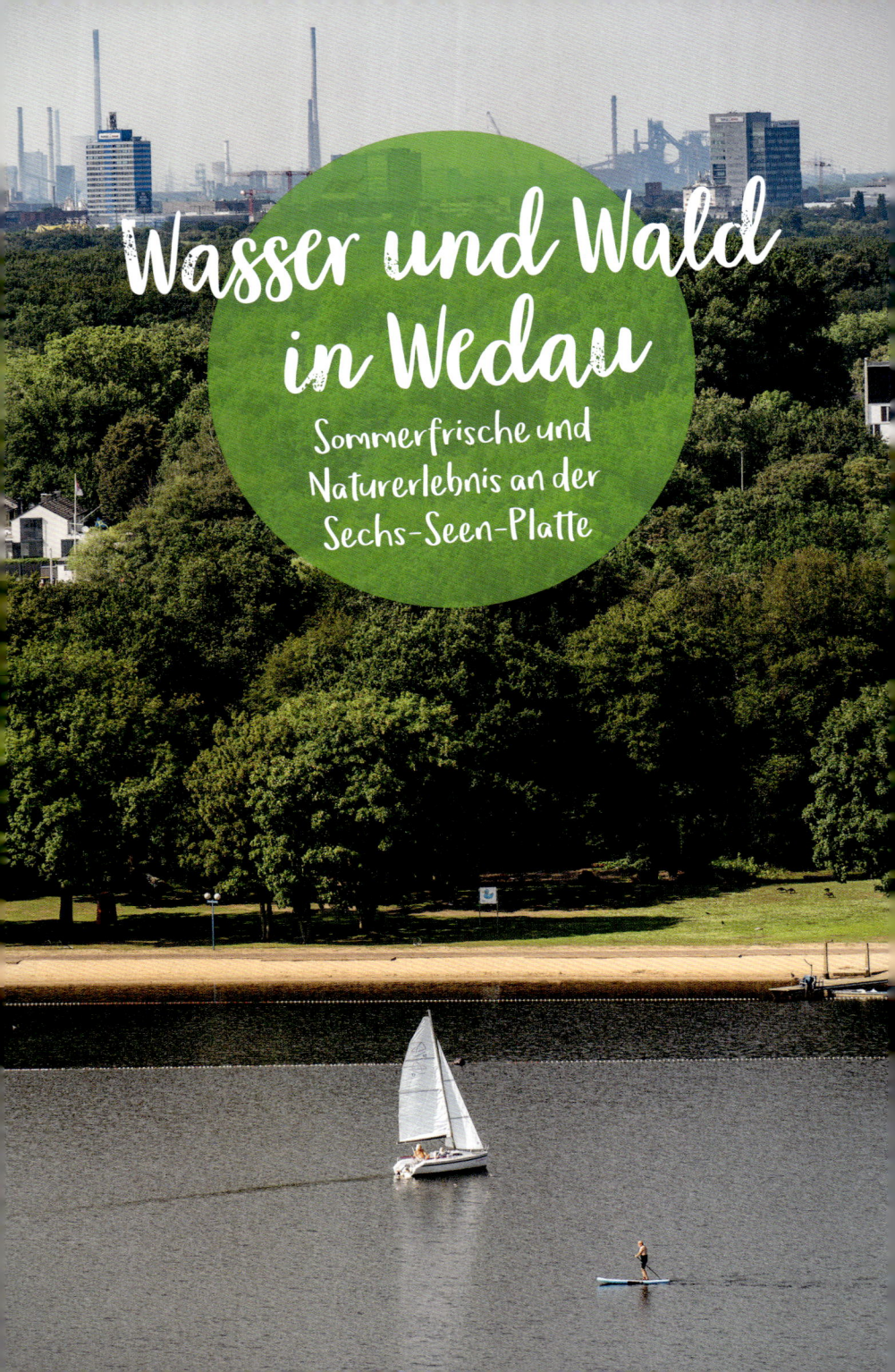

Wasser und Wald in Wedau

Sommerfrische und Naturerlebnis an der Sechs-Seen-Platte

Dichter Wald und sechs Seen fügen sich südlich des Stadtzentrums zu einer Landschaft, wie man sie in Mecklenburg, womöglich sogar in Skandinavien vermuten würde – nicht aber im von der Schwerindustrie geprägten Duisburg. Sie entstand durch Kiesabbau und wirkt heute, als habe sie nie anders ausgesehen. Hier kann man jeder Art von unmotorisiertem Wassersport frönen, aber auch stadtnah eine Naturoase genießen, in der an manchen Tagen das Quaken von Enten das lauteste Geräusch ist.

Ganz leicht kräuselt sich das Wasser im Wind. Sonnenlicht lässt es auffunkeln. Zwei Blässhühner kommen in Ufernähe, ein Stück weiter gleiten Schwäne über den See. Bis ans Ufer stehen die Bäume, einzelne dank zuletzt ergiebiger Regenfälle sogar im Wasser. Ragten an der gegenüberliegenden Seite des Masurensees nicht ein paar Gebäude knapp über die Wipfel, könnte man meinen, sich in dünn besiedelter Landschaft zu befinden anstatt zwanzig Minuten von der Duisburger Innenstadt.

Anreise Pkw/Parkplatz: A59 bis Ausfahrt Duisburg-Wanheimerort. Parkplätze für die nördlichen Gewässer an der Masurenallee

Anreise mit ÖPNV: Busse 934, 941, 942 E bis Haltestelle Am See

Besonderheiten: Waldwege, Vogelbeobachtung, Stand-up-Paddling, Naturschwimmbad

Von der Kiesgrube zum Biotop

Der Hauch von Weite und unberührter Natur im Süden Duisburgs verdankt sich ganz profan dem Kiesabbau. Die Landschaft entstand zu Beginn des 20. Jahrhunderts, als man sich beim Bau eines Rangierbahnhofs – eines der größten in Deutschland – und der dazugehörigen Siedlung in der waldreichen Landschaft unterhalb des Grundwasserspiegels an Kies- und Sandvorkommen bediente. Wenn Überfluss einmal bedeutete, man habe von etwas so viel wie es Sand am Meer gibt, so haben sich die Zeiten geändert – nicht nur, weil Küsten ihren Sand durch Erosion ans Meer verlieren, sondern auch, weil Sand und Kies wichtige Baustoffe sind und der Mensch es sich nun mal zum Ziel gemacht hat, den Planeten zu bebauen. Diese Baustoffe zu gewinnen, bedeutet Raubbau an der Natur treiben. Dass das manchmal trotzdem zu einem versöhnlichen Ende führen kann, beweist die Sechs-Seen-Platte.

Sechs Seen sollen es sein

Der erste durch Kiesabbau entstandene See war der Masurensee in der Nähe von Bahnhof und Eisenbahner-Siedlung. Im Lauf der Zeit entstanden Wambach-, Böllert-, Wildförster-, Wolfssee (mit Insel) und schließlich der Hausbachsee, der erst um die Jahrtausendwende die Sechs-Seen-Platte vervollständigte. Ein siebter, der Entenfang im Südosten, liegt bereits auf Mülheimer Stadtgebiet und gehört daher nicht namentlich dazu – was nicht bedeutet, dass man ihn nicht ebenfalls umrunden könnte.
So entwickelte sich eine Landschaft, die heute völlig natürlich wirkt und zum Refugium zahlreicher teils seltener Vogel- und diverser anderer Tierarten geworden ist. Der Masurensee ist mit dem Wolfs- und mit dem Wildförstersee verbunden und bildet mit den Nachbarn eine weitläufige Wasserlandschaft. Sie bietet Erfrischung an heißen Sommertagen und ganzjährig die Möglichkeit, Natur und frische

Wassersportparadies

Abenteuer & Oasen in Duisburg

Luft zu genießen oder an einer der Badebuchten ins Wasser zu tauchen. Das macht die gut 280 Hektar und 25 Kilometer Spazierwege außer für Duisburger auch für Besucher aus der Umgebung attraktiv. Wer es einrichten kann, sollte sich einen Tag während der Woche fürs Naturerlebnis aussuchen, wenn hier vor allem die üblichen Verdächtigen unterwegs sind: Gassigänger und Jogger. Bei heißem Wetter wird es am Wochenende ernsthaft voll.

Ein Hauch von Finnland in Wedau

Unterschiedliche Habitate für unterschiedliche Arten

Trotz des hohen Freizeitwerts sind Wälder und Wasserflächen echte Naturoasen. Wälder und natürliche Seengebiete haben in den vergangenen 200 Jahren im ganzen Ruhrgebiet durch menschliche Aktivität stark an Fläche eingebüßt. Vor allem Tierarten, die an ein bestimmtes Habitat perfekt angepasst sind, finden nicht in jeder beliebigen Grünfläche ihre spezifischen Lebensbedingungen vor, wodurch zahlreiche Arten gefährdet oder sogar ausgestorben sind. Lebensraumverlust ist heute in allen Landschaften und Regionen ein gravierendes Problem. Durch die Gewässer der Seenplatte finden zahlreiche Spezialisten wieder die für sie unentbehrlichen Bedingungen vor. Nicht, weil man die Seen sich selbst überließ, sondern weil die Uferlandschaften gezielt gestaltet wurden: etwa durch das Lichten des Walds in Ufernähe, wobei einzelne Laubbäume ebenso wie Wurzelwerk blieben. Bei ausreichendem Sonneneinfall sollten möglichst unterschiedliche Biotope für Vögel, Amphibien, Reptilien und Insekten entstehen.

Eisvogel und Flussregenpfeifer

Mit Erfolg – wer gerne Vögel beobachtet, wird hier länger bleiben als geplant. An steilen Uferböschungen ist der blau leuchtende Eisvogel heimisch, an flachen, morastigen Ufern Schnepfenvögel, an gebüschreichen der Sumpfrohrsänger. Auch Frösche und Erdkröten schätzen die flachen Uferbereiche zur Laichablage. Sogar Ringelnattern kommen hier vor, die wie die meisten ihrer Verwandten normalerweise trockenes Gelände bevorzugen. Zur Jagd gehen sie allerdings auch gerne mal ins Wasser. An den Ufern von Wildförster- und Haubachsee, der komplett der Natur und ihrem Schutz vorbehalten ist, wurden Brutflächen für selten gewordene Vögel wie den Flussregenpfeifer geschaffen. Wer Glück hat, sieht womöglich einen Fischadler,

Paradiesische Aussichten:
Seeblick von oben

der hier regelmäßiger Gast auf der Durchreise ist, häufiger lassen sich Fischreiher blicken. Die Chancen für die Sichtung eines Kormorans stehen ebenfalls gut.

Balsam für die Augen, ein Biotop für Wasservögel und Insekten

Natürliche Klimaanlage fürs umliegende Stadtgebiet

Nicht nur als Naherholungsziel wirken sich die Seen positiv auf die Lebensqualität in der Stadt aus, als Frischluftkorridore verbessern sie die auch die Luft in der Umgebung: Über die Wasserflächen kann sich saubere und kühle Waldluft in die angrenzenden Teile des Stadtgebiets ausbreiten, was während der zunehmend überhitzten Sommermonate eine wahre Wohltat bedeutet. Am Ort ist die Wirkung allerdings noch stärker: Wer an Tagen mit tropischer Hitze hierher flieht, kann in den deutlich kühleren Temperaturen im schattigen Wald und am Wasser buchstäblich aufatmen.

Der Süden gehört (fast) allein der Natur

Damit Mensch und Natur gleichermaßen profitieren, hat man eine pragmatische Lösung gefunden: Freizeitaktivitäten konzentrieren sich auf die Gewässer im nördlichen Bereich der Seenplatte, der Süden gehört in erster Linie der Natur: Fauna und Flora, aber auch Ruhe suchenden Spaziergängern. Dabei finden sich auch an den nördlichen Ufern Zonen, die für die Natur reserviert sind. Schilder erinnern Ausflügler daran, sich nicht ins Unterholz zwischen Laubbäume, vereinzelte Pinien, Gebüsch und Totholz zu begeben. Angesichts der Vielzahl gepflegter Wander-, Rad- und Reitwege und der zahlreichen Aussichtsbänke mit Seeblick ist das auch gar nicht nötig.

Auf dem Brett übers Wasser

Besonders schön ist es, die Ufer vom See aus zu betrachten – beim Stand-up-Paddling. Das ruhige Gleiten durchs Wasser sieht zwar schonender aus, als es ist, denn tatsächlich trainiert es erstaunlich viele Muskeln den Körper im Gleichgewicht zu halten. Doch es lässt sich schnell lernen und ist außerdem wunderbar entspannend, weil man nahezu geräuschlos über den See gleitet und sich ganz auf die Landschaft einlassen kann. SUP-Stationen, an denen man sich ein Board leihen kann, gibt es am Masuren-, Wolfs- und Wambachsee.
Auch wenn es mancherorts so aussieht, bleibt die Zeit an der Seenplatte nicht stehen. Am Ostufer des Masurensees ist aufgrund der attraktiven Lage zwischen Seen und Sportpark ein neues Wohnviertel samt Uferpark und einer barrierefreien Uferpromenade mit Gastro-

Abenteuer & Oasen in Duisburg

nomie anstelle des bisherigen schmalen Wegs in Planung. Die Stadt hat errechnet, dass sich die Fläche öffentlich zugänglichen Grüns am Seeufer durch das Projekt um 16.000 Quadratmeter erweitern wird. Den Schutz der Natur will sie bei der Umsetzung der Pläne im Blick behalten.

Stehend übers Wasser: Stand-up-Paddling macht Spaß und entspannt.

Tipp

Tipp: Stand-up-Paddling

Masurensee: Aloha-SUP-Station, Masurenallee 302, www.sup-aloha.de.
Wolfssee: Lani-SUP am Freibad, Kalkweg 262, www.lani-sup.com.
Wambachsee: SUP-Station des Kanusportvereins Duisburg Wedau am Eingang zum Wambachsee, www.ksv-duisburg-wedau.de.

Tipp

Wolfsberg – Halde mit Seeblick

Die ehemalige Deponie für Müll, Trümmer und Industrieabfälle ist heute ein attraktiver Ruhrgebietsgipfel (63 Meter über Normalnull, 28 Meter über dem Niveau des umliegenden Lands) im Herz der Sechs-Seen-Platte. An klaren Tagen reicht der Blick von seinem 22 Meter hohen Aussichtsturm aus Stahl über die umliegenden Seen, das Strandbad, Tiger & Turtle und die Brücke der Solidarität hinaus und bis nach Düsseldorf, Moers und Bottrop.

Tipp

Freibad Wolfssee

Schwimmen ohne Chlor ist doppelt schön. Die 450 Meter Strand und 30.000 Quadratmeter Liegefläche des Naturschwimmbads am Wolfssee haben manchem schon ganze Urlaubsreisen erspart – von den Freizeitangeboten wie Badmintonfeld, Beachvolleyball und Tretbootverleih gar nicht zu reden. An heißen Tagen ist es einer der angenehmsten Orte der Stadt. Kalkweg 262, www.freibad-wolfssee.de. Geöffnet Mai bis September tgl. (außer Schlechtwetter) 10-20 Uhr.

Schöner geht's kaum: Sonne, Strand und Badefreuden im Freibad Wolfssee

Wald und Wasser: Duisburgs grüne Seite

Gastronomie

Haus Seeblick
Schnitzel, Steaks, Pfannkuchen und
Fisch zu schönster Aussicht auf
den Masurensee.
Strohweg 12,
www.haus-seeblick-duisburg.de,
Mo, im Winter Mo/Di geschl.